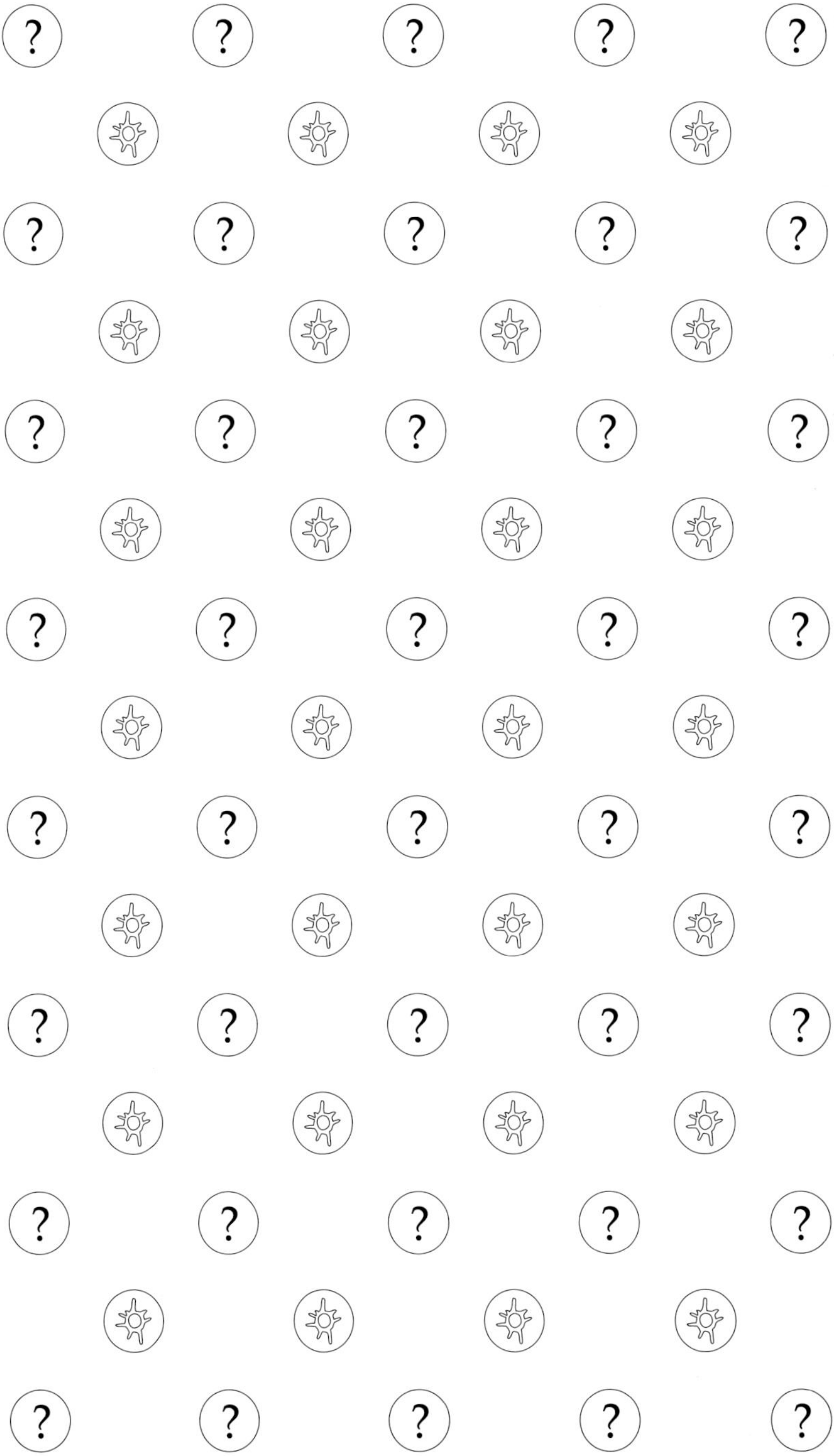

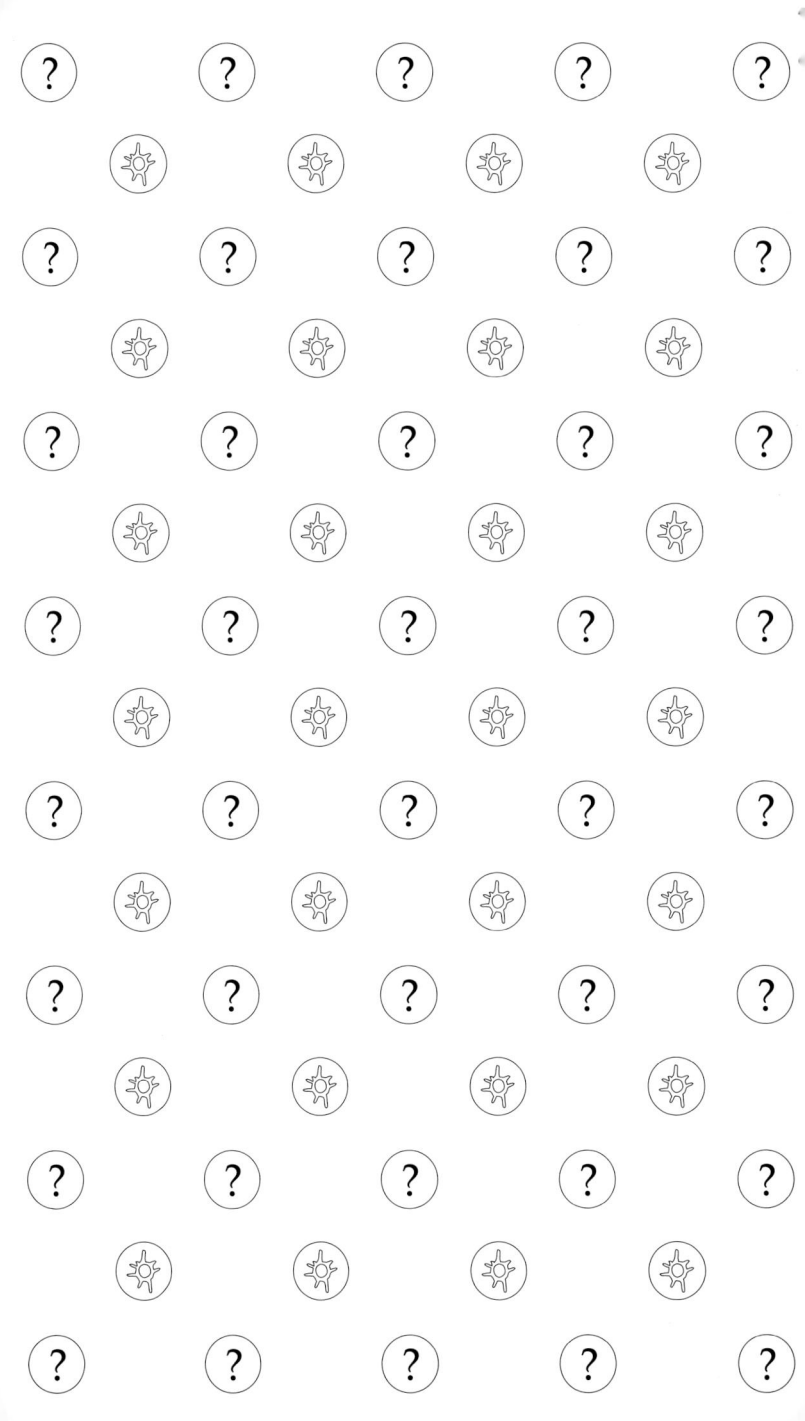

子どもたちと話す

天皇ってなに？

池田 浩士著

現代企画室

子どもたちと話す　天皇ってなに？

登場人物紹介

ミッちゃん　公立高校二年生、高校ブラスバンド部（トランペット）
ヤーくん　私立大学情報学部一年生、高校時代は陸上部（短距離）
おじいちゃん　一九四〇年生まれ、元・雑誌編集者、孫たちの母の父

Ⅰ 「国民の祝日」には どんな意味があるの？

1 一一月三日は「晴れの特異日」

ミッちゃん／ヤーくん おじいちゃん、おはよう。お邪魔します。

「やあ、おはよう。めずらしく朝から二人そろって……。ああ、きょうは高校も大学も休みだったね。それでお小遣いを、ってわけだな。二人でどこかへ出かけるの？」

ミッちゃん お兄ちゃんなんかと、冗談じゃないわ。

ヤーくん ぼくのほうこそ、ごめんだね。それに、ぼくたち、べつにどこかへ行く予定じゃないんだ。ただ、お母さんにあっさり追い出されたってわけ。こんないい天気に家でごろごろしてないで、たまにはおじいちゃんとお話でもしてきなさい、って。

「それで、わざわざおじいちゃんのお相手をしにきてくれたわけか。天気でも変わるんじゃないか、心配だなあ。全国的に、きょうは〈晴れの特異日〉*といってね、統計上〈晴れ〉になる確率がきわめて高い日なんだよ。それが、一天にわかに掻き曇り、昼から土砂降り、なんてことにならなきゃいいがね。」

ミッちゃん　へええ、なんできょうはそんなに晴れの確率が高いの？

「そりゃあ、そういう季節に当たっているからさ。ところが昔は、たいそうおめでたい日だから晴れるのだ、と信じていた時代もあったんだ。」

ヤーくん／ミッちゃん　おめでたい、って？　なんできょうが、おめでたいの？

「うん、そうか。きみたちは、きょうがどういう日か知らないんだね。」

ヤーくん　それくらい知ってるよ。〈文化の日〉でしょう？

ミッちゃん　あたしだって知ってるわ。〈文化の日〉よ、ねえ？

晴れの特異日
その日が特定の天候になる確率が目立って高い日のことを、気象上の〈特異日〉という。過去の統計を見ると、一一月三日は全国的に晴れの日がきわめて多く、これ以外の〈晴れの特異日〉（四月五日、一〇月二三日など）と比べても、きわだっている。ただし、この確率には変動があり、二〇〇一年以後は、それ以前の二〇年間と比べて、一一月三日の晴れの確率がやや低くなった。

「じゃあ、どうしてきょうが〈文化の日〉なのか、知ってるかね?」

ミッちゃん だって、一一月三日は〈文化の日〉だからでしょう。そう決まってるからよ。だって学校お休みだもん。ねえ、お兄ちゃん。

ヤーくん うん、まあ……。

「そうだ、いいものがある。ほら、そこの本棚に『朝日年鑑』という赤い本がたくさん並んでるだろう。そのなかから……うん、背中に〈昭和十九年〉と書いてあるのを取ってくれないか。そうそう、それだ……。」

ヤーくん 『朝日年鑑』って、なに、これ?

「近ごろでは、大学生でも知らないわけか。〈年鑑〉というのは、一年の主なニュースやら社会のいろんな分野での動きや統計をまとめて一冊の本にしたものでね、新聞社などが毎年一回、刊行していたんだ。たとえば〈一九九〇年版〉なら、その前の年、一九八九年の記録が載っていて、これを見ると、その一年にどんな出来事が起こったか、日本と世界がどういう状態だったか、わかるわけだ。ところが、インターネットなどの新しいメディアが普及したために、いちばん古い一九二四年創刊の『朝日年鑑』は、二〇〇〇年版を最後に廃刊されてしまった。毎日新聞社も『毎日年鑑』というのを出していたんだが、いま残っているのは読売新聞社の『読売年鑑』だけだ。しかし、日本の近代・現代のことを調べるには、こういう年鑑はいまでも欠かせない重要な資料なんだよ。」

ヤーくん で、この〈昭和十九年版〉を、どうするの?

「どれどれ……ほらこの最初のほうに、〈昭和十九年略歴〉というページ(【資料1】参照)があるだろう? この〈昭和十九年〉、つまり一九四四年というのは、日本が翌年の夏に戦争に負ける前の最後の年だよね。その年の行事や記念日の一覧表がこれなのだ。そのいちばん上の欄を見ると、右側に七つ、左側に六つ書いてあるのが、その当時の〈祭日《さいじつ》〉、いまの〈国民の祝日〉にあたる日なんだ。さあ、一一月三日はなんの日かな?」

紀元二千六百四年

閏年三百六十六日

昭和十九年 甲申 略暦

満洲國康徳十一年
中華民國三十三年
西暦千九百四十四年

大の月：一 三 五 七 八 十 十二

小の月：二 四 六 九 十一

祭日

四方拜	一月一日
元始祭	一月三日
新年宴會	一月五日
紀元節	二月十一日
地久節	三月六日
春季皇靈祭	三月廿一日
神武天皇祭	四月三日
天長節	四月廿九日
秋季皇靈祭	九月廿三日
神嘗祭	十月十七日
明治節	十一月三日
新嘗祭	十一月廿三日
大正天皇祭	十二月廿五日

年中行事

大詔奉戴日	毎月八日
陸軍記念日	三月十日
愛馬の日	四月七日
機甲記念日	
海軍記念日	五月廿七日
時の記念日	六月十日
支那事変記念日	七月七日
海の記念日	七月廿日

年中行事其他

満洲事変記念日	九月十八日
航空日	九月廿日
鉄道記念日	十月十四日
大東亜戦争記念日	十二月八日
靖國神社祭	四月卅日
	十月廿三日
軍馬の日	十月廿四日

彼岸	三月十八日
彼岸	九月廿日
社日	三月廿五日
	九月廿一日
八十八夜	五月二日
端午節句	五月五日
入梅	六月十一日
半夏生	七月二日
盂蘭盆	七月十五日
二百十日	九月一日
仲秋名月	十月一日

司法記念日	十一月一日 ｜五日
満洲國建國記念日	三月一日
國民政府還都日	三月卅日
ビルマ独立記念日	八月一日
比律賓独立記念日	十月十四日
土用	一月十八日
	四月十七日
	七月廿日
	十月廿日
節分	二月四日
上巳節句	三月三日

二十四節

小寒	一月六日
大寒	一月廿一日
立春	二月五日
雨水	二月廿九日
啓蟄	三月六日
春分	三月廿一日
清明	四月五日
穀雨	四月廿日
立夏	五月六日
小滿	五月廿一日
芒種	六月六日
夏至	六月廿一日
小暑	七月七日
大暑	七月廿三日
立秋	八月八日
処暑	八月廿三日
白露	九月八日
秋分	九月廿三日
寒露	十月八日
霜降	十月廿三日
立冬	十一月七日
小雪	十一月廿二日
大雪	十二月七日
冬至	十二月廿二日

【資料 1】

ミッちゃん　〈メイジブシ〉、だって……

ヤーくん　ほんとだ、なにこれ？

「これは恐れ入ったね、〈メイジブシ〉か。なるほど〈浪花節《ナニワブシ》〉と同じだよね……。これは〈めいじせつ〉と読むんだ。」

ミッちゃん　メイジ、タイショウのメイジでしょ。でも〈セツ〉っていうのは？

「節《せつ》というのは、ほら、竹の節《ふし》も〈セツ〉という字だろう？　ものごとや季節の節目《ふしめ》、つまり区切りのことを言うんだ。〈節分〉は知ってるよね。あれは〈立春〉の前日で、冬から春に変わる節目だろう。〈節《せつ》〉というのは、大事な節目になるような特別の儀式やお祝いの日、〈祝日〉という意味なんだよ。」

ミッちゃん　じゃあ、明治時代を記念する祝日？

「そうじゃない。明治天皇という人物の誕生日なのさ。」

ヤーくん　そうするとつまり、いまの天皇の、えーっと、おじいさんの？

「いや、ひいおじいさん、難しく言えば曽祖父《そうそふ》にあたる。」

ミッちゃん　なんでそんな大昔の天皇なんかの誕生日が、いまのあたしたちの〈祝日〉なの？　関係ないわよねえ。

ヤーくん　うん、まったく。

「おじいちゃんだってそう思うよ。ところがそれが、いま〈文化の日〉とされている祝日の、もともとの意味なんだな。一一月三日は、日本が第二次世界大戦で負けるまでは、この年鑑でわかるとおり〈明治節〉という祝日だったんだ。」

ミッちゃん　なぜそれが〈文化の日〉って名前に変わったの？

「いい質問だね。明治天皇の誕生日がなぜ〈文化の日〉なのか。きみたち、〈明治〉と言えば何が思い浮かぶかね？」

ヤーくん　まあ、〈明治維新〉とか〈文明開化〉とか……

ミッちゃん　日本が西洋文化を取り入れた時代、って習ったわ。

「そうそう、その〈文化〉。だから明治と文化とを結びつけたわけさ。」

ミッちゃん　だけど、へんじゃない？　なんで天皇の誕生日と結びつけなきゃいけないの？　ねえ、お兄ちゃん？

ヤーくん　うん、ほんとうだ。関係ないよなあ。祝日で大学も休みになるのはいいけど、ぼく、明治天皇の誕生日を祝う気なんて、全然ないもの。

ミッちゃん　〈天皇陛下〉とか〈皇太子ご夫妻〉とか〈愛子さま〉とかいう記事、エッチでキモイ週刊誌なんかの広告なんかに載ってるけど、あたし、ぜんぜん関心ない。

ヤーくん　ぼくたちの生活と無縁だよなあ。

「そう思うかね？」

ヤーくん／ミッちゃん　うん!!

「きょうは二人ともヒマらしいから、少しだけ、なんの役にも立たないことを考えてみようか。きょう学校が休みなのは〈祝日〉だからだ、ということは知ってるね。じゃあ、なぜ祝日は休みになるんだろう？」

ミッちゃん　法律で決まってたりして。

「そのとおり！〈国民の祝日に関する法律〉というのがあるんだよ。まずそれを見てみようか。」

2　いまの祝日、むかしの祝日

「ほら、これは『六法全書』*という法律を集めた本だが、ここにその〈国民の祝日に関する法律〉が載っている。いっしょに読んでごらん。第一条では、この法律を定める目的が述べられている。第二条が、それぞれの祝日の名称とその日付けと、祝日にする意味とを述べた部分だ。最後の第三条に、「〈国民の祝日〉は休日とする」と、ちゃんと書かれているね。名称と日付けだけでいいから、読み上げてくれるかい。」

ミッちゃん（読み上げる。）

『六法全書』 いくつかの出版社から、『六法全書』のほか、『模範六法』、『○○六法』（○○は出版社名）などの書名でも刊行されている。また『労働六法』、『教育六法』など、特定の分野の法律を集めたものもある。

【資料2】

元日　一月一日
成人の日　一月の第二月曜日
建国記念の日　政令で定める日（二月一一日）
春分の日　春分日
昭和の日　四月二九日
憲法記念日　五月三日
みどりの日　五月四日
こどもの日　五月五日
海の日　七月の第三月曜日
敬老の日　九月の第三月曜日
秋分の日　秋分日
体育の日　一〇月の第二月曜日
文化の日　一一月三日
勤労感謝の日　一一月二三日
天皇誕生日　一二月二三日

「じゃあそれを横に置いて見ながら、こちらを読んでごらん。ちょうど必要があって、おじいちゃんが作った一覧表だ（19頁【資料3】参照）。全部で一五ある〈国民の祝日〉のうちから、一一の日付けを取り出して、その本来の意味を簡単に書いてある。つまり現在の〈祝日〉がなぜ〈祝日〉にされたのか、その本当の根拠は、これなんだよ。日付けはすべて二〇一八年の場合だ。

【資料3】

一月一日　四方拝《しほうはい》（天皇が元日早朝に天皇家の祖先神などに安泰を祈る）
二月一一日　「神武天皇」が今から二六七〇年前に大和朝廷を開いた日
三月二一日　春季皇霊祭《こうれいさい》（天皇が歴代天皇の霊をまつる春の祭日）
四月二九日　昭和天皇・裕仁《ひろひと》の誕生日
五月三日　日本国憲法が施行された日
五月五日　端午《たんご》の節句（男子の成長と武運を祈願する）
七月一六日　明治天皇が東北・北海道「巡幸《じゅんこう》」から船で横浜に帰着

九月二三日　秋季皇霊祭（天皇が歴代天皇の霊をまつる秋の祭日）
一一月三日　明治天皇・睦仁《むつひと》の誕生日
一一月二三日　新嘗祭《にいなめさい》（収穫した五穀を天皇が祖先神に捧げる）
一二月二三日　現在の天皇・明仁《あきひと》の誕生日

ヤーくん　うわー、ほとんどが天皇と関係しているんだね。……七月一六日って、これ、〈海の日〉じゃないの？　これも天皇と関係があるんだ。
「そう。〈明治〉時代になって日本の領土にした北海道、それまでは蝦夷地《えぞち》と呼んでいたんだが、そのアイヌ民族の地に一八七六年の夏はじめて足を踏み入れた明治天皇が、函館から船で横浜港に帰った日で、ほんとうは七月二〇日なんだ。休日を増やすために〈第三月曜日〉にしたんだね。だから、これも天皇関係。……じゃあ、天皇と関係のないものは、いくつあるかな？」

ミッちゃん　五月三日の憲法記念日と……

ヤーくん　それから五月五日の〈端午の節句〉かな。これって、〈こどもの日〉だもんね。

「じゃあ、そういうことを念頭に置きながら、すこし歴史をさかのぼってみようかね。じつは、前々世紀にすでに〈祝日〉はあったんだよ。厳密に言うと〈祝祭日〉だ。一八七三年、つまり〈明治維新〉から六年目の年の一〇月に、「年中祭日祝日の休暇日を定む」という〈太政官布告《だじょうかんふこく》〉が発せられている。〈太政官〉というのは現在の内閣にあたるものだ。まだ国会がなかったので、法律は〈太政官〉が〈布告〉するというかたちで制定された。それによって、年に五回の〈祭日《さいじつ》〉と三回の〈祝日〉、合計八つの祝祭日が休日と定められたんだ。」

【資料4】

祭日

一月三日　元始祭
一月三〇日　孝明《こうめい》天皇祭
四月三日　神武天皇祭
一〇月一七日　神嘗祭
一一月二三日　新嘗祭

祝日

一月五日　新年宴会
二月一一日　紀元節
一一月三日　天長節

ミッちゃん　これもみんな天皇と関係してるの？
「どうだろうか、じっさいに確かめてみよう。まず〈元始祭《げんしさい》〉というのを、そこにある『広辞苑』で調べてごらん。載ってるかな？」
ヤーくん　あ、載ってる。〈天孫降臨、天皇の位の元始を祝って一月三日宮中三殿で天皇が親祭する祭〉だって。なに、これ？

「ははは。まず〈天孫降臨《てんそんこうりん》〉というのはね、天皇家の先祖だとされる〈天照大神《アマテラスオオミカミ》〉という最高神の命令によって、その一族の〈ニニギノミコト〉という神が〈高天原《たかまがはら》〉という神の国から日向《ひゅうが》の国、つまり現在の宮崎県の高千穂《たかちほ》の峰に〈天降《あまくだ》った〉ことなんだ。」

ヤーくん　あ、〈高級官僚の天降り〉というのは、ここから来てるんだね！

「そのとおり。で、〈天孫降臨〉は『古事記』や『日本書紀』という神話伝承の本に書かれていて、それが神の世界から分かれるこの世の始まりで、同時に〈天皇〉の位《くらい》の始まりだとされていたのだよ。それで、アマテラス一族の神の子孫ということになっている代々の天皇は、年頭に当たって皇居で〈親祭《しんさい》〉、つまり天皇みずからが神主《かんぬし》となって、その始まり、〈元始〉を祝う儀式を行なうのだ。〈元始祭〉は、現在では〈国民の祝日〉ではなくなったが、さっき見た一九四四年版『朝日年鑑』の祭日欄（13頁【資料1】参照）には、ちゃんと載っているね。つまり敗戦前は休日だったわけだ。もちろん今でも天皇は毎年この儀式を行なっている。」

ヤーくん　つぎの〈新年宴会〉って、これ、部活なんかの新年会みたいなもの？

「名前はそれに近いが、じつはこれも天皇の年中行事なんだ。新年に当たって、皇族や高位高官たち、外国の使節や要人などを天皇が招いて皇居で開くパーティだが、これも国全体の祝日とされた。」

ミッちゃん　〈紀元節〉は〈建国記念の日〉ね。

「そうだね。その前後に〈孝明天皇祭〉と〈神武天皇祭〉というのがある。孝明天皇は、明治天皇のお父さん。その命日《めいにち》が一月三〇日だった。神武天皇というのは、さっき話した天照大神の子孫で、〈大和《やまと》朝廷〉を開いた初代の天皇、とされる人物。もちろん実在かどうかも定かではないのだが、その人物が一二七歳で死んだ命日だということになっている四月三日が、祭日に定められたわけだ。この〈神武天皇祭〉も、日本の敗戦までずっと存続した。もちろん休日だった。」

ヤーくん　一一月二三日が〈新嘗祭《にいなめさい》〉だってことは、さっきも出てきたけど（20頁【資料3】参照）、この一〇月一七日の、カミなんたらいうのは、何なの？

「カンナメサイと読むんだ。〈神嘗祭〉は、その年の秋に収穫した五穀、つまり米・麦・粟《あわ》・黍《きび》・豆という重要な食糧の代表である五つの穀物を、伊勢神宮にまつられている天照大神に供える儀式だ。この儀式には、天皇の勅使《ちょくし》、つまり天皇の代理として派遣される使節が参列する。こうして、収穫をまず天皇家の祖先である伊勢神宮の神に供えたのちに、翌月の〈新嘗祭〉で、天皇が祖先の神々といっしょに食べるわけだね。……ということで、この八つの祝祭日はすべて天皇と関係した日だった。」

ミッちゃん　あ、これ、一一月三日の名前が違ってる！〈明治節〉じゃない！

「そのとおり。この〈天長節《てんちょうせつ》〉というのはね、天皇誕生日のことなんだよ。現在の天皇の誕生日は、そう呼ばれた。〈昭和〉の時代でも、敗戦までは天皇誕生日は〈天長節〉だったんだ。〈天長〉というのは、〈天が末《すえ》長く栄える〉という意味だが、この〈天〉とはつまり天皇のことなんだね。〈天長〉と対応するのが〈地久《ちきゅう》〉という言葉で、これは〈地が永久に栄える〉という意味だということはわかるだろう？　じつは、〈天長節〉と並んで〈地久節〉という祝日があったんだよ。ほら、またその古い『朝日年鑑』を見てごらん（13頁【資料1】参照）。三月六日が〈地久節〉だね。当時の昭和天皇の〈皇后〉だった女性の誕生日なんだ。……というわけで、そこに載っているとおり、敗戦前の日本の一三の祝祭日も、この明治維新の六年後に定められた前々世紀の八つの祝祭日（22頁【資料4】参照）と同じように、すべて天皇と関係していたんだね。」

ヤーくん　ほんとうに、一年中の休日が天皇まみれだったんだ。

3　生活のリズムと「天皇」

ミッちゃん　でも、いまの〈祝日〉は、天皇と関係のないものが多くなったのね。さっきのおじいちゃんの一覧表（19頁【資料3】参照）でも、〈こどもの日〉と〈憲法記念日〉は別だし、それからこの表にない〈成人の日〉とか〈みどりの日〉とか〈敬老の日〉とか、そうそう、〈体育の日〉も、天皇と関係ないわ。

「ところがね、そうとばかりは言えないんだよ。」

ミッちゃん　えっ、なんで?

「うん、まず〈こどもの日〉は元来は〈端午の節句〉で、これは〈男子の〉成長と〈武運〉を祈願するためのものだ。つまり、子どもといっても女の子のためのものではない。これは、男性だけが天皇になる〈明治〉以後の制度と無関係ではないし、それと同じように〈家〉は男の子が継ぐものだ、という考えかたを正当化する意味づけを与えられてきたのだよ。〈武運〉というのは〈武士《もののふ》としての運の強さ〉、つまり戦争で手柄《てがら》を立てることだが、日本では、〈もののふ〉や〈兵士〉は、天皇のために戦って天皇のために死ぬことが誇りであり使命である、と教えられてきたのだ。それと、〈成人の日〉は、もともと、おとなになる〈元服《げんぷく》〉の儀式が起源でね、これは、正装をして帯《おび》を結び、冠《かんむり》を着用する儀式。その正装の帯と冠は、天皇を主君とする制度での臣下の序列、身分を示すものだった。」

ミッちゃん　ふーん。でも〈敬老の日〉と〈体育の日〉は違うでしょう？

「じつは、この二つは、一九六六年に〈建国記念の日〉が祝日に加えられたとき、それとセットでできた祝日なんだ。神武天皇という実在かどうかもわからない神話上の人物が、今から二六八〇年も前に――西暦でいうと紀元前七世紀、まだ縄文時代だよね――そんな時代に〈大和朝廷〉を開いたなどという二月一一日を、敗戦までの日本では〈国の始まり〉を祝う〈紀元節〉としてきた。しかし、さすがに戦後は、そういう日をこの国の始めとすることには、強い疑念と反対があったわけだね。ところが、一部の〈愛国者〉と称する人たちは、なんとかこの〈紀元節〉を復活させたいと考えて、一〇年以上にもわたって国会で何度もそのための法案を通そうとしたのだが、どうしても成功しなかったんだ。そこでとうとう、〈具体的な日付けは法律に盛り込まず、あらためて政令、つまり政府の命令で決める〉ということにしたうえ、〈紀元節〉の現代版である〈建国記念の日〉だけでは法律改定が困難なので、〈敬老の日〉と〈体育の日〉を新設することで、それと抱き合わせにして、ようやく国会を通過させた、というわけなんだよ。」

ヤーくん　そういう意味では、〈敬老の日〉と〈体育の日〉も、やっぱり天皇がらみの祝日と無関係ではないわけだね。

ミッちゃん　というか、お年寄りや体育に失礼じゃない?

「失礼と言えば、〈みどりの日〉も、緑や自然に失礼な決めかたをされてきた、と言えるかもしれないね。昭和天皇が一九八九年一月に死んだあと、翌月の二月に、それまで〈天皇誕生日〉だった四月二九日を〈みどりの日〉にするという法律改定がなされた。〈昭和の日〉にしたいと考えた人たちもいたのだが、〈昭和〉という時代には日本が起こした侵略戦争のイメージがつきまとっていて、反対意見も多かった。それで、〈みどりの日〉になったんだ。」

ミッちゃん　なんで昭和天皇の誕生日が〈みどり〉なの？

「うん、昭和天皇はね、毎年の〈全国植樹祭〉で樹の苗を植えたり、皇居や別荘で水生生物を観察したりするのが趣味だったので、ちょうど始まりかけていた〈エコ〉ブームに結びつけて、そういうネーミングにしたわけかな……。ところが、これで〈昭和天皇〉の名前は〈国民の祝日〉から消えてしまった。で、それを許せないと考えた人たちが中心となって、とうとう二〇〇五年に、〈昭和〉アレルギーが薄れるのを待って、あらためて〈昭和の日〉というのを新設する法律改定を行なった。昭和天皇の誕生日だった四月二九日を〈昭和の日〉ということにして、それまでこの日だった〈みどりの日〉を五月四日に移動させたわけだ。これで春のゴールデンウイーク後半は飛び石なしの連休になるので、喜んだ人もあっただろうね。日給や時間給で働いている人は、休日で仕事が休みになると困るわけだがね。」

ヤーくん　あーあー、一五もある祝日のうちで、天皇と関係ないのは〈憲法記念日〉だけなのか。

「そう考えるかね？　それが大きな間違いなのだよ。」

ミッちゃん／ヤーくん　えっ、なんで？

「法律が作られるときには、かならず、まず〈公布〉といって、その新しい法律ができたことを発表して国民に知らせる日と、そのあと周知徹底のための一定期間をおいて、じっさいにその法律が効力を持つようになる〈施行〉の日とが定められるんだ。そこで、〈日本国憲法〉の第一〇〇条には、〈この憲法は、公布の日から起算して六箇月を経過した日から、これを施行する〉ということが、ちゃんと明記されている。さて、一九四七年五月三日の〈憲法記念日〉に施行された〈日本国憲法〉は、それではいつ公布されたのかな？」

ヤーくん　その六か月前だから……一九四六年の、えーっと、一一月三日だ。

「それは何の日？」

ミッちゃん　あっ、明治天皇の……！

「そうだよね。その当時はまだ〈明治節〉と呼ばれていた。憲法施行の翌年、一九四八年七月にできる現在の〈国民の祝日に関する法律〉で、それが〈文化の日〉になった。明治天皇の誕生日だ。なんと、〈五月三日〉そのものには、じつは何の意味もないんだね。」

ヤーくん　その半年前の〈一一月三日〉に、じつは意味があるんだね。ああ、この平和憲法でさえもか……。

「きみたちも、ほとんどの日本人も、〈国民の祝日〉といえば〈休日〉ということしか意識していないけれど、じつは、天皇のいる制度と深く関わっているのだね。われわれ〈国民〉のもっとも身近なカレンダー、つまり日常生活のリズムや習慣や行事が、天皇のいる制度によって左右されているわけだ。」

ヤーくん　天皇や皇族なんてぼくたちとは無縁だし、べつにいてもいなくてもいいや、と考えていたけど、意外と身近な関係があるんだね。

「そうなんだ。しかも、祝日と生活のリズムとの関係を考えるとき、じつに驚くべき事実がもう一つあるんだよ。さっき、明治維新から六年目に〈太政官布告〉によって定められた祝祭日のことを話したね。八つの祝祭日がすべて天皇関係だった、あれだ（22頁【資料4】参照）。ところがじつは、それ以前、明治維新から三年目の一八七〇年の一月に、やはり〈太政官布告〉で九日の〈祝日〉が初めて定められているのだ。この布告は、日本の船が〈国の旗〉を掲げることを指示するためのものなのだが、そのなかで〈祝日〉についても定めている。これがそれだ。見てごらん。」

【資料5】

元旦（正月朔日《さくじつ》）　小正月（正月一五日）
上巳《じょうし》の節句（三月三日）　端午《たんご》の節句（五月五日）
七夕《しちせき》の節句（七月七日）　中元《ちゅうげん》（七月一五日）
八朔《はっさく》田実《たのみ》の節句（八月朔日）　重陽《ちょうよう》の節句（九月九日）
天長節（九月二二日）

ミッちゃん　難しい名前ばかりね。

「そうだね。でも、よく見ると、きみたちも前から知ってるものがあるだろう。そう、三月三日は〈ひな祭り〉だよね。それが正式には〈上巳《じょうし》の節句〉と呼ばれるのだ。〈上巳〉は〈じょうみ〉と読むこともある。七夕《しちせき》は〈たなばた〉。〈中元〉というのは〈お盆〉のことだ。〈お中元〉って知ってるだろう。夏にする贈り物だね。じつは、この日付けはみな、まだ旧暦のままなのだ。だから、いま一般的に八月にする〈お盆〉は七月一五日だった。日本が太陽暦の新暦を採用するのは、三年後の一八七三年一月一日からだから、この段階では、月の満ち欠けを基準にした旧暦、太陰暦だったわけだ。〈正月朔日〉は一月一日。〈八月朔日〉というのは八月一日のことだ。略して〈八朔〉という。こういう名前のミカンの一種があるのは知ってるよね。お月さまの〈満ち欠け〉のことを〈朔望《さくぼう》〉と言って、〈望月《もちづき》〉は満月だ。〈朔〉は〈新月〉で、月がまったく見えない日。旧暦の一日《ついたち》だ。現在の太陽暦による暦《こよみ》では、約一か月半あとになる。たとえば旧暦の〈八月十五夜〉、仲秋の名月は、現在では一〇月初めごろに当たるよね。だから、旧暦の八朔は現在の九月中旬で、〈八朔田実の節句〉というのは、稲田が実ったことを祝う日なんだ。〈重陽〉は一般には〈菊の節句〉と言われた。九月九日だが、新暦では一〇月下旬に当たるから、ちょうど菊の花の季節だよね。秋が過ぎて冬に向かうころだ。ここにある祝日のうち〈節句〉という名が付いているのが、一年の節目《ふしめ》とされていた日なんだよ。お正月はもちろん大きな節目だし。」

ヤーくん　生活のサイクルに関係した日取りになっているんだね。

「そう、そのとおりだ。でも、見てごらん、一つだけ例外があるだろう?」

ミッちゃん　天長節!

「そうだね。明治天皇の誕生日。この九月二二日が、新暦で一一月三日になるわけだね。この一日だけが天皇と関係しているが、ほかの八日はすべて、身近な生活の習慣と密着した日が祝日とされている。つまり、この三年後に定められる新しい「祝祭日」(22頁【資料4】参照)とは大きな違いだね。これは、明治維新後の日本の進路が、この三年のあいだに大きく変わったことを、物語っているといってもよいのだよ。」

ヤーくん　身近な生活のカレンダーにもとづく祝日から、天皇のカレンダーに従う祝日になったことで、身近な生活のサイクルが、天皇との関係に組み込まれるわけだね。

「さすがに大学生は、まだ一年生でも難しいことを言うんだね。でも、そのとおりだ。」

ミッちゃん　でも、〈身近な〉って言うけど、いくら〈祝日〉が天皇と関係があるとしても、あたし、やっぱり天皇なんてちっとも身近じゃないわ。

「そうとしか思えないよね。でも、その〈身近な〉ということの意味を考えてみることも、じつは大切なんじゃないかな。たとえば、〈戦争〉というのは、きみたち二人にとって身近なことではないかもしれないが、これまでの歴史のうえに現在の暮らしがあるとすれば、日本社会の歴史のなかに何度もあった戦争は、けっして身近でないとは言えないよね。」

ミッちゃん／ヤーくん　うん、わかる。

「じゃあ今度は、その〈戦争〉と〈国民の祝日〉との関係について、見てみようか。」

ミッちゃん　えっ、そんなもの、関係あるの？

ヤーくん　なんか、ミステリーっぽいよね！

Ⅱ　近現代史と天皇――戦争のカレンダー

1　「日本軍が押しよせてくる！」

「いまの天皇のお父さんにあたる昭和天皇は、一九四五年に日本の敗戦で終わった戦争を、〈先《さき》の大戦〉と呼ぶことにしていたのだが、学校では、あの戦争のことをどういう名前で習った？」

ミッちゃん　〈太平洋戦争〉って。

ヤーくん　ぼくも。

「じつは、〈太平洋戦争〉というのは〈敵国〉のアメリカ合州国が付けた名前で、〈ザ・パシフィック・ウォー〉（The Pacific War）という英米語の翻訳だ。敗戦後の日本では戦勝国アメリカのこの名称が使われるようになったけれど、〈大日本帝国〉、つまり日本の国家が付けた正式の名前は、〈大東亜《だいとうあ》戦争〉なんだ。一九四一年一二月八日未明の、アメリカ領ハワイ真珠湾とイギリス領マレー半島への日本軍による奇襲攻撃から四日後に、〈支那事変を含めて大東亜戦争とする〉という政府決定がなされたんだよ。〈支那事変〉というのは、すでに一九三七年の七月七日から始めていた中国に対する戦争の名称だ。きみたちの教科書では〈日中戦争〉とか〈日華事変〉とかになっているのかな。」

ミッちゃん　日本史って、そんなところまで習わないわ。中学でも高校でも、室町時代まで行ったらいいほうよ。

ヤーくん　ぼくもそうだった。でも、ついこのあいだ大学の講義で、一九三一年九月の〈満洲事変〉*から〈日中戦争〉を経て一九四五年の〈太平洋戦争〉での敗戦までを〈十五年戦争〉と呼ぶ、という話をした教授がいるよ。

「うん、〈十五年戦争〉ね。戦後民主主義時代といわれる時期に、そういう

満洲事変
日本は、一九〇四〜〇五年の〈日露戦争〉で勝利して、それまでロシアが持っていた〈満洲〉（中国東北部＝現在の吉林省、遼寧省、黒龍江省のいわゆる〈東北三省〉）の利権を獲得した。一九三一年九月一八日、日本が経営する〈南満洲鉄道〉（略称〈満鉄〉）の線路が中国の抗日ゲリラ（現在のことばで言えば、日本による侵略に抵抗する〈テロリスト〉たち）によって爆破された、という口実で、満洲に駐留していた日本軍（〈関東軍〉という名称だった）が、たちまち満洲全域を制圧し占領した。鉄道線路爆破は日本軍の謀略だったことが、いまでは明らかに

歴史観が一般的になったからね。しかし、おじいちゃんはちょっと別の意見なんだ。

一九二七年五月下旬、日本は中国の山東半島に軍隊を派兵した。〈山東出兵〉と呼ばれる軍事行動だ。国際世論の非難を浴びて、止むを得ず三カ月あまりで撤退したが、翌年四月にふたたび〈第二次山東出兵〉と呼ばれる侵略行動を重ねた。このときは一年あまりも現地を軍隊で占領しつづけて、済南《チーナン》という都市では中国人住民多数を虐殺したほか、〈満洲〉と呼んでいた中国東北部に駐留する日本軍が、ちょうどこの期間に、有名な〈張作霖*爆殺事件〉を引き起こしている。張作霖というのは、〈軍閥《ぐんばつ》〉と呼ばれた軍事上の有力者だが、中国に対する日本の軍事方針にとって邪魔になるので、乗っていた列車もろとも爆破して殺害したんだ。これは、〈満洲〉への軍事侵略のために不可欠の行動だったわけだね。」

ミッちゃん　列車ごと爆殺なんて、まるでマフィアかアニメ映画みたい。

なっている。〈満洲事変〉と呼ばれるこの侵略戦争によって満洲を軍隊の支配下に置いた日本は、翌一九三二年三月一日、〈満洲国〉という傀儡《かいらい》国家（現在の、アフガニスタンやイラクの政権のように、外国の傀儡（あやつり人形）としてつくられた国家）を誕生させた。

張作霖
（チャン・ツオリン　一八七五～一九二八）中国近代史のなかで〈軍閥〉と呼ばれる軍事的実力者の一人。現在の中国・遼寧省の奉天（現・瀋陽）を拠点として東北地方全域を軍事力で支配した。敵対する他の軍事勢力との抗争のなかで、一時は日本の〈関東軍〉（40～

「ところが、〈大日本帝国憲法〉、一般に〈明治憲法〉と呼ばれる当時の憲法の規定では、日本の軍隊に命令してこれを動かすことができるのは、天皇一人だけだった。一九二六年一二月二五日に大正天皇が死んで、即座にその後を継いだ裕仁《ひろひと》昭和天皇は、つまり、外国との関係での初仕事として、一九二七年五月の〈第一次山東出兵〉を行なったわけだね。そのときから日本の〈戦時下〉時代は始まったと言える。だから一九四五年まで続いた戦争は、〈満洲事変〉からの〈十五年戦争〉ではなくて、〈第一次山東出兵〉に始まる〈十八年戦争〉と呼ぶべきだというのが、おじいちゃんの意見なのさ。」

ヤーくん　なるほど。〈十八年戦争〉か。憶えておくよ。

ミッちゃん　一八年って、あたしが生まれてから今までより長い。そのあいだずーっと戦争してたんだ、日本って。

「そうだね。その長い戦争のなかで、そのころ〈祭日〉と呼ばれた祝日は、とても重要な意味を持ったのだよ。」

41ページの註参照）に助けられたが、満洲支配を企てる日本の妨げになるため、殺される結果となった。

ヤーくん　祝日が戦争でも重要な意味を持ったなんて、よくわからないなあ。だって、〈明治節〉だからって戦争を休むわけにいかないんじゃないの？

「あははは、そのとおりだ。ミッちゃんだって、そう思うよね……。ところが、ほら、ここにいい資料がある。『比島戦記』という題名の本で、一九四三年三月に文藝春秋社から出版されたものだ。編者は〈比島派遣軍報道部〉。〈比島《ひとう》〉というのは〈比律賓《フィリッピン》〉の略称だ。つまり、フィリッピンに派兵された日本軍の報道担当の部署が編集したもので、内容は多数の日本人作家たちが書いた従軍記録を集めたものなんだ。一九四一年一二月八日の奇襲攻撃によって米英両国との戦争を開始した日本は、直ちにアジア諸地域に軍隊を進めた。その軍隊といっしょに、作家や写真家や映画関係者や画家や学者などが、戦地の状況を〈銃後〉の国民に伝えるために、〈報道班員〉という名前で多数派遣されたんだよ。〈銃後〉というのは、〈戦線〉や〈前線〉と対比して使われた言葉で、戦場になっていない日本国内の日常生活の場のことだ。その

〈銃後〉が頑張らなければ戦争に勝てないわけだから、国民を励まして戦意を高めるために、〈日本の兵隊はこんなに頑張っているぞ！〉ということを知らせるのが、この人たちの役割だったわけだね。」

ミッちゃん　戦争したのは、兵隊だけじゃないのね。

「そう、そのことは大事だ。しっかり憶えておこうね……。その〈報道班員〉の一人に、火野葦平《ひのあしへい》*という三六歳の小説家がいた。当時の日本でいちばん人気のあった作家といってもいい人だ。その火野葦平が、この本に『バタアン半島総攻撃・東岸部隊』というルポルタージュ、つまり文学的なレポートを書いている。フィリッピンは当時アメリカの植民地だったのだが、ここを攻撃した日本軍は、あっという間にフィリッピン諸島の各地を制圧して、アメリカ軍とフィリッピン軍の主力部隊をルソン島のバターン半島とその近くのコレヒドール島というところに追い詰めたわけだ。そして、一九四二年四月に、ついに最後の総攻撃を行なって、米比軍、つまりアメリカ兵とフィリッ

火野葦平
（本名＝玉井勝則　一九〇六〜六〇）〈支那事変〉（一九三七年七月七日に始まる日本の全面的な中国侵略戦争）の開始から二か月後に〈召集〉（兵役義務のある年齢のものが軍隊に呼び戻されること）され、中国戦線に送られたが、その直前に書き上げた小説『糞尿譚』が、翌三八年三月に第六回〈芥川賞〉を受賞し、中国の占領地で授賞式が行なわれた。その後、軍の方針で刊行された『麦と兵隊』（三八年九月）が空前の大ベストセラーとなり、〈兵隊作家〉火野葦平は、一躍、代表的な〈国民作家〉となった。

ピン兵の部隊を降伏させた。そのあと、捕虜にした約三万五千人の〈敵兵〉に、捕虜収容所までの長距離の道のりを炎天下で歩かせたため、おびただしい数の死者を出すことになる。〈バターン死の行進〉と呼ばれたこの事件の責任を問われて、日本の敗戦後、多数の日本軍将兵が戦犯、つまり戦争犯罪人として処刑されたんだよ。火野葦平はバターン半島を攻撃した日本軍部隊と行動をともにしていたわけだが、その最後の総攻撃が開始されたときのことを、くわしく記している。ほんの少しの部分だけ読んでみよう。」

【資料6】

バタアン半島は、長い間、米比軍の演習地であった。彼らは地形にあかるく、またすべての距離は測定され、いかなるところも自由に正確に射てるように、日ごろから標定がなされている。〔中略〕四月三日、神武天皇祭、いよいよ、総攻撃の幕は切って落された。私は北野部隊本部の観測所から、これを見ていた。これまで敵砲弾下にしずまりかえっていた日本軍陣地から、数百門の大砲が、いっせいに、山を鳴りひびかせて、火蓋が切られた。

「なぜこの部分を引用したか、わかるよね。」

ヤーくん　〈四月三日、神武天皇祭〉だ！

「そうだね。日本軍は、その祝日を期して総攻撃を開始したわけだ。この同じ本には、作家の安田貞雄*という人が、日本軍のミンダナオ島*への上陸作戦について日記風の文章を書いていてね。その四月二八日の日記に、〈明朝、未明を期してイラナ湾のパランおよびコタバトに敵前上陸の命《めい》下る〉と記したあと、部隊長の訓示を記録している。〈天長の佳節《かせつ》をト《ぼく》し敵前上陸を敢行せんとす。誓って聖恩に応《こた》え奉《たてまつ》らんことを期すべし〉というのだ。〈天長節の祝日を選んで敵前上陸を行なうから、かならず天皇の御恩におこたえする

安田貞雄
（一九〇八〜九一）火野葦平と同じく現在の北九州市に生まれ、支那事変で召集されて中国戦線に送られた。のちに、やはり火野葦平と同様、〈報道班員〉としてフィリッピンに派遣された。戦後も北九州の文学グループの一員として作家活動をつづけた。

ミンダナオ島
その大きさでルソン島と並ぶフィリッピン南部の島。

よう覚悟せよ〉という意味だ。」

ミッちゃん　〈天長節〉って天皇誕生日よね。昭和の時代だから、四月二九日。

ヤーくん　いまの〈昭和の日〉だ。

「これを見ても、日本軍がわざわざ天皇と関係のある祝日を選んで重要な軍事行動を起こしていた、という事実がわかるだろう。ところが、これについて、高見順《たかみじゅん》*という有名な作家は、面白いエピソードを紹介しているのだよ。この人は、米英に対する開戦の一〇か月ほど前に、当時〈蘭印《らんいん》〉と日本が呼んでいたインドネシアに旅した。〈和蘭陀《オランダ》領の印度《インド》〉だから略して〈蘭印〉。つまり現在のインドネシアはオランダの植民地だったわけだね。日本が米英と開戦してから間もなく、オランダも日本と戦争状態になるのだが、高見順が〈蘭印〉を旅行したのは、まだその開戦より一年近くも前のことだった。この旅行の体験は、一九四一年九月に刊行された『蘭印の印象』という本に日記体で描かれた。その〈二月一一日〉の日記には、こう書かれているのだ――

高見順
（一九〇七～六五）
この作家の出発点もまた、プロレタリア文学運動との関わりにあった。そこからの〈転向〉を経て書かれた長篇小説『故旧忘れ得べき』（一九三六）は、第一回〈芥川賞〉の候補作となった。戦時中も戦後時代も、独特の文学的感性がにじみ出た作品を書きつづけ、とくに『昭和文学盛衰記』（一九五八）や『高見順日記』（正・続、全一七巻、一九六四～七七）は貴重な歴史的証言でもある。

〈紀元節である。早暁、船はマカッサル沖*に着く。夜の明けるまで港外にとどまり、夜明けとともに入港。（中略）あとで聞いたのだが、その日、マカッサルでは、その日が紀元節なので、日本軍が大挙押しよせてくるという噂が飛んでいたという、そこで和蘭《オランダ》人は老人や子供を、山の方へ避難させていたというのだ。そんな騒ぎのなかとは、知らずに上陸したのである。〉

つまり、敵である外国のほうでも、日本という国は天皇に関係する祝日に重要な軍事行動を起こすということを、ちゃんと知っていたわけだね。」

ヤーくん　とても信じられないくらいだなあ。

「さっき話した火野葦平という作家は、それより二年前の一九三九年二月に、中国南部の海南島に敵前上陸した日本軍部隊に下士官として従軍していたんだ。そのときのことを、三九年五月に出版された『海南島記』という本に書いている。上陸作戦は二月一〇日に行なわれ、日本軍はその島全体を占領した。ところがその翌日、かれは部隊本部の幹部将校から、〈上陸決行は紀元

マカッサル
現在のインドネシアを構成する島々のひとつ、スラウェシ（セレベス）島の西南部にある町。この島と西側のボルネオ（カリマンタン）島との間の海はマカッサル海峡と呼ばれる。

節を卜《ぼく》して行われる筈《はず》であったが、敵の裏を掻《か》く意味で、決心を一日早めた〉という話を聞くんだ。敵が、日本軍は二月一一日の〈紀元節〉に攻めてくるぞ、と予測して待ちかまえているに違いないから、その裏をかいて一日早く攻撃したというわけだね。

逆に攻撃を遅らせた例もあるんだよ。一九三七年七月七日に中国への本格的な軍事攻撃を開始した日本は、その年の一一月に大部隊を中国大陸東岸の杭州湾と呼ばれる地点に上陸させたのだが、このときは、一一月三日の〈明治節〉に日本軍が来ると予測して中国側が待ち構えているだろう、というので、二日遅らせて、相手の緊張がゆるむのを待って一一月五日に上陸作戦を実行した。この大部隊のほとんどが、〈南京大虐殺＊〉につながる首都南京への攻撃の主力になったんだ。じつは、こういう例はほかにもいろいろあって、日本の戦争と天皇の〈祝日〉とが密接な関わりをもっていたことが、よくわかるんだよ。」

南京大虐殺
一九三七年一二月八日に中国の首都・南京の一角に突入した日本軍は、城郭都市の南京を完全に占領して一七日に〈入城式〉を行なうまでの間に、多くの住民に対する暴行・殺害と略奪行為を行なった。〈南京大虐殺〉と呼ばれるこの暴虐によって殺された中国人の総数は特定できないが、近現代史上きわめて重大な事件であることは否定できない。

2 「戦後」の始まり

ミッちゃん 日本の歴史にそういうことがあったなんて、ぜんぜん知らなかったわ。

ヤーくん なんか、あんまり嬉しくないよなあ、戦争が祝日と関係あるなんて。

「ところが、戦争が終わったあとも、祝日は重要な歴史的意味を持つことになるのだよ。」

ミッちゃん／ヤーくん ？？……

「ここに、こういう新聞の切抜きがある。おじいちゃんはまだ八つの子どもだったころだから、この切抜きはずっとあとになって手に入れたものだ（【資料7】）。でも、おじいちゃんは、その八歳のときに自分が見たこの新聞の紙面を、はっきり憶えているんだよ。人生で最初に記憶に残った新聞の紙面なんだ。もちろんそれは、自分で意味がわかって印象に残った、というのではなくて、その日、おとなたちがこれを大きな話題にしていたからなんだろうね。」

朝日新聞

東條ら七戦犯 絞首刑執行さる

今暁零時卅五分に終了

【総司令部渉外局特別発表二十三日午前零時四十五分】十二月二十三日午前零時一分から三十五分までの間に極東国際軍事裁判所によって死刑を宣告された七名の戦犯は絞首刑を執行された

七名、黙々死に就く

対日理事会の代表も立会う

執行状況

東條英機　土肥原賢二　廣田弘毅　板垣征四郎　木村兵太郎　松井石根　武藤章

衆院きょう解散

七百三億・追加予算成立

七つの棺?のせて

ホロ・トラック京浜國道を行く

適切な時期

竹田前厚相を逮捕か

小泉信三氏ら非該当

再建費を停止

対華援助・ホ長官発表

資金割当中止

総選挙に臨む 各党代表座談会

天声人語

【資料7】1948年12月23日　朝日新聞

ミッちゃん　なんか暗い感じが漂ってる、この新聞。

「一九四五年八月に日本が無条件降伏して、〈大東亜戦争〉が終わった。そのあと、戦勝国側によって〈極東軍事裁判〉と呼ばれる戦争責任追及の裁判が行なわれた。これは知ってるよね。国際条約が定める戦争ルールに違反した個々の残虐行為に対する裁判は、日本軍が占領していたアジアの各地でも行なわれたし、日本本土では〈横浜裁判〉として裁かれた。そういう〈軍事法規違反の罪〉に加えて、もっと大規模で重大な〈平和に対する罪〉と〈人道に対する罪〉という罪名によって起訴されたのが、〈東京裁判〉とも呼ばれるこの〈極東軍事裁判〉の〈A級戦犯〉たちだったのだね。起訴された二八人のうち二五人が有罪の判決を受けて、そのうち七人が絞首刑になった。この裁判を開始する最初の手続きとして起訴状が発表されたわけだが、その発表は一九四六年四月二八日だったんだ。」

ヤーくん　あれ？　四月二八日って、これニアミス？

「よく気がついたね。当時の天皇、昭和天皇の誕生日は四月二九日だよね。現在の〈昭和の日〉だ。ところが、その前日の二八日は、日曜日だったんだよ。日曜日は休日なのに、占領軍はわざわざ休日に仕事をして、この日にA級戦犯の起訴状を発表したわけだ。なぜかわかるかい?」

ミッちゃん／ヤーくん　うーん……?

「この大ニュースは、翌日の新聞に載るじゃないか。テレビなんてなかったからね。」

ヤーくん　あっ、天皇誕生日の朝の新聞第一面、トップニュースだ!

「その起訴状が、これから裁判を行なう〈極東軍事裁判所〉に提出されたのが、翌日の四月二九日、天皇誕生日の当日だった。」

ミッちゃん　でも、意地が悪い。そこまでやるの?

「まだまだこれからさ。戦犯を起訴する前に逮捕しなければならないわけだが、起訴された二八人の被告のうちで最後に身柄を拘束されたのは、松井石根《いわね》という陸軍大将だった。〈大将〉というのは、軍人の最高の位《くらい》だ。その上に〈元帥《げんすい》〉というのがあったが、これは通例として大将が戦死したときに与えられる称号だった。天皇一人は、その元帥よりさらに上の〈大元帥〉、しかも日本の軍隊を構成する〈陸軍〉と〈海軍〉の両方を指揮する大元帥だったんだよ。で、その松井大将という人は、一九三七年一二月の〈南京大虐殺〉のときの現地軍の最高司令官だったんだ。この松井大将は病気を理由にして占領軍の出頭命令から逃れていたのだが、ついに出頭して収監されたのが、一九四六年三月五日だったんだよ。これで戦犯裁判の大きな節目ができた。さて、なぜ最後の一人の逮捕がこの日になったんだろうね。だって、どこにいるかわかってたわけだから、べつにこの日に出頭させて捕まえなくてもよかったわけだろう?」

ヤーくん　よし、これまでの資料を全部しっかり調べるぞ。

ミッちゃん　あたしも。

ヤーくん　あった、これだ！

ミッちゃん　これね！　これもその翌日が問題なのね。

ヤーくん　すごい誕生日プレゼントだ。

「そうだね。当時はまだ新聞の夕刊がなかったから、そのニュースは翌日の新聞に載る。翌日の三月六日は〈地久節〉、つまり皇后誕生日の祝日だったんだね（13頁【資料1参照】）。」

ミッちゃん　で、まだこれでおしまいじゃないの？

「そうなのだ。ほら、さっきの新聞（51頁【資料7】）の日付けを見てごらん。一九四八年一二月二三日、木曜日の新聞だ。この記事によると、七人の戦犯に対する処刑は、この日の真夜中の午前零時一分から三五分までのあいだに執行された。そしてそのことを、ＧＨＱと呼ばれた日本占領軍、連合軍の総司令部が緊急発表したのが、午前零時四五分だった。だから、その当日の朝の新聞のニュースに間に合ったのだ。その当日というのは、さて？」

ミッちゃん　もういやだ！　だって、一二月二三日って、天皇誕生日じゃない！
「いまの天皇は、そのとき皇太子で、その日に満一五歳の誕生日を迎えることになっていた。さっきも言ったとおり、戦争をするのもやめるのも、天皇だけができることだったのだから、A級戦犯七人は天皇の身代わりに殺されたわけだ。その当時の皇太子、いまの明仁《あきひと》天皇は、父である昭和天皇裕仁《ひろひと》の身代わりで殺された人たちのことを、自分の誕生日が来るたびに、死ぬまで思い起こさずにはいられないんだね。もしも天皇がわれわれと同じような人間だったら、これはとても耐えられないことじゃないだろうかね。」
ヤーくん／ミッちゃん　……。
「そのことよりも、もっと重要なのは、ようやく戦争が終わって新しい歴史の始まりとなるはずだった日本の〈戦後時代〉が、じつはやっぱり〈天皇〉カレンダーに規定されてしか始まらなかった、ということじゃないだろうか。なぜそうなったかといえば、日本の祝日がほとんど天皇関係で、それが国民の生活のリズムになっていたこと、戦争中の日本がその天皇の祝日カレンダーに沿って戦争を進めたことを、戦勝国側もよく知っていたからだよね。だからこれは一種の報復、仕返しだったわけだ。しかしもっとそれ以上に重要なのは、戦争に負けたあとも何とかして天皇制度を生き続けさせようと必死になった日本の政治家たちと、占領政策のために天皇の戦争責任を追及しないほうが都合がよいと判断した占領軍との利害が一致して、天皇を裁判にかけないことになった——という事実なのだね。こうして、天皇を処刑する代わりにA級戦犯七人を絞首刑にした戦勝国側は、本当はお前たちが裁かれるべきなのだぞ、ということを天皇とその一家に思い知らせるために、戦争責任追及のスケジュールを天皇のカレンダーに合わせて行なったのじゃないだろうか。」

ヤーくん　天皇の言いなりになって、天皇のために戦った国民にも、思い知らせるつもりだったのかもね。

「そう考えるべきだろうね。おじいちゃんもそう思うよ。」

3　明治憲法の天皇

ミッちゃん　でも、戦争を始めるのも終わらせるのも、軍隊を動かすのも、天皇にしかできなかったなんて、いったい国民の世論はなんの力もなかったわけ？

「じゃあ、こんどはそれについて調べてみようか。さっき見たこの『六法全書』に、昔の〈大日本帝国憲法〉、いわゆる明治憲法が載っている。ほら、第一条に〈大日本帝国は万世一系の天皇之《これ》を統治す〉と書かれているね。〈大日本帝国〉というのは、当時の日本の正式の国名だ。〈万世一系《ばんせいいっけい》〉というのは、何万世代にもわたって続く一つの家系という意味。だからこの第一条は、〈日本という国は、ずっと昔から永く続いている一つの家系の天皇が国を治める主権を持っている〉という意味だよね。つまり、主権者は天皇一人だった。」

ミッちゃん　じゃあ、国民が主権者じゃなかったわけね、だれひとり。

「この憲法には、そもそも〈国民〉という言葉はないのだよ。国民のことは

〈臣民〉という言葉で呼ばれている。つまり、国民はみな天皇の臣下だったわけだね。」

ヤーくん　ちょっと信じられないなあ。だって、江戸時代みたいな身分制度のある封建制じゃないのに、国民がみんな天皇の家来《けらい》だなんて。

「それだけじゃないんだね。この憲法の第三条は、〈天皇は神聖にして侵すべからず〉――。天皇は神聖な存在であって、さからったり冒瀆《ぼうとく》したり危害を加えたりしてはならない、という意味だ。〈神聖〉という言葉は、普通は〈神聖な誓い〉とか〈神聖な掟〉とかのように、〈汚《けが》してはならない尊いもの〉という意味で使われるよね。しかし権力のありかたの一つに〈神聖王権〉と呼ばれるものがあって、これは〈神の子孫、または神霊を宿している存在として神聖視されている王権〉のことだ。明治憲法の言う〈神聖〉は、この意味なんだね。だから、天皇は〈現人神《あらひとがみ》〉とされていた。つまり、人間の姿をとってこの世に現われた神様、というわけだ。」

ヤーくん　天照大神という女神の子孫！　よくも言ってくれた、って感じだよね。

ミッちゃん　子どもだって、信じるわけないのにね。

「しかし、国家社会のありかたの一番の基本を定めた憲法が、そう明言していたのだよ。そして、天皇が〈現人神〉だったということは、自分の信仰をもっている人たちにとっては、深刻な問題だったのだ。キリスト教でも、天理教でも、大本教でも、あるいは仏教でも、ほんとうに自分の信仰しているその宗教の神や仏よりも、神様である天皇を信じることを強制されたわけだからね。信教の自由という、いまでは当然の基本的人権が、認められなかったのだね。——いまでは、もちろん、この権利は、憲法によって保障されている。しかし、町内会のお祭りとか、修学旅行での伊勢神宮とか、天皇家の祖先とされている神々や、それに関係した〈神道〉という宗教に、自分の意思に反して関わらせられることが、いまでもあるよね。だから、ほんとうに自分の信仰をもっている人たちにとっては、これは耐えられない人権侵害なのだね。

それに、考えてみると、いまでもまだ〈天皇家のかたがたは、私たちとは違う尊いおかたたちだ〉というような気持ちを抱いている国民がいるよね。〈神〉だ、なんて信じる人はいなくても、〈私たち国民とは違う〉と感じているというのは、やはりまだ〈神様〉が生きているということじゃないのかな。」

ヤーくん そうだね。同じ人間なのにね。

「うん。ところが、同じ人間ではないことをはっきり前提にして、社会や政治や法律上の制度が組み立てられていたのが、明治憲法の時代だった。〈天皇は神聖にして侵すべからず〉という憲法第三条に対応する法律として、〈刑法第七三条〉というものがあったんだ。刑法というのは強盗とか殺人とかの犯罪事件などを裁くための法律だよね。その第七三条は、〈天皇、太皇太后、皇太后、皇后、皇太子または皇太孫に対し危害を加え又は加えんとしたる者は死刑に処す〉と定めていた。これが有名な〈大逆罪《たいぎゃくざい》〉と呼ばれる罪だ。皇太后《こうたいごう》というのは天皇のお母さん、太《たい》皇太后は天皇のお祖母《ばあ》さんのことだ。

皇太孫《こうたいそん》は天皇の孫だよね。ただし、皇太子がいない場合で、いまの天皇の次に天皇になるはずの跡継ぎの男の孫だけがこう呼ばれる。とにかく、こういう人たちに危害を加えるだけじゃなくて、危害を加えようとしただけで、死刑になったわけだ。死刑以外の、たとえば無期懲役とか罰金とかの刑は、最初から認められていないわけだから。」

ヤーくん　危害を加えようとしたか、しなかったか――なんて、わからないよね。

「そうなんだ。有名な明治時代の〈大逆事件〉と呼ばれる事件がその一つで、天皇にもその一家の誰にも何の危害も加えていないのに、危害を加えようとしたという容疑で二六人もの人たちが逮捕され起訴されて、そのうち、二四人に死刑判決が下されたのだよ。」

ミッちゃん　ええっ、二四人も死刑?!

「いまから百年前の一九一〇年に起こったその〈大逆事件〉では、有名な幸徳秋水という思想家や、その連れ合いの管野《かんの》すがというジャーナリストで歌人でもあった女性や、大石誠之助という和歌山県のお医者さんや、三人の僧侶や、そのほか各地の労働者や農民が、明治天皇を爆弾で殺そうと計画した、という罪で〈刑法第七三条〉の〈大逆罪〉を適用されたんだ。一九一〇年の五月下旬に最初の一人が逮捕されて、翌年、一九一一年の一月一八日に判決が下された。そして、死刑判決を受けた二四人のうち一二人は、翌日、〈恩赦〉、つまり天皇の特別の赦《ゆる》しで無期懲役に〈減刑〉された。法律では〈死刑〉しかないのに、唯一の主権者である天皇が、法律を超えて――あるいは曲げて、というべきかな――減刑の決定を下した、というわけだね。そして、残る一二人は、判決から一週間もしないうちに、一月二四日と二五日に絞首刑に処せられた。*」

ヤーくん だって、本当に天皇に爆弾を投げつけたわけじゃないんでしょ？

「うん。それに、投げつけることを相談した事実があったとしても、そのことをじっさいに話し合ったのは多くて五人、おそらく四人だけだったんだね。」

おじいちゃんの〈おすすめ本〉

〈大逆事件〉の概要を知りたい人、いろいろな作家・詩人たちのこの〈事件〉に関する文学表現を読んでみようと思う人には、つぎの二冊をおすすめしたい。どちらも池田浩士という人が編集して解説を付けたものだ。

①『逆徒――「大逆事件」の文学』（二〇一〇年七月、インパクト出版会）

②『蘇らぬ朝――「大逆事件」以後の文学』（二〇一〇年九月、同前）

ミッちゃん　そういうことが、裁判でちゃんと明らかにされなかったの？　だって、傍聴人とかいるわけだし、マスコミの取材とかもあるわけでしょう？　それに、判決が間違っていたら、控訴とか上告とかできるはずじゃない？　〈現代社会〉の授業でそう習ったわよ！

「もちろん、地方裁判所から始まって、現在の高等裁判所にあたる控訴院に〈控訴〉して、そしてさらに〈上告〉すれば最高裁判所にあたるところで最終判断が下される、という〈三審制〉の制度が当時もあったんだ。しかし、〈大逆事件〉では一審だけの裁判で、最初から、現在の最高裁判所にあたる〈大審院〉で行なわれた。〈裁判所構成法〉という法律の第五〇条で、〈大逆罪〉については〈大審院〉が〈第一審にして終審〉と定められていたんだよ。控訴とか上告とかいう不服申し立ての機会はまったく与えられなかったわけだね。それだけじゃなくて、公判といっても、判決言い渡しの当日以外は傍聴禁止、つまり密室の裁判だったんだよ。」

ミッちゃん　じゃあ、〈危害を加えようとした〉というのにさえも当てはまらない無実の人たちは、どうすることもできなかったの？

「無期懲役に減刑されて戦後まで生き延びた被告が、戦後になって再審請求をして、無実を晴らそうとしたが、もちろん〈国〉はそれを認めなかった。だからいまでもまだ、この〈大逆事件〉の責任は、天皇の戦争責任とともに、日本という国の未解決の課題なのだね。……ただ、この事件について〈冤罪《えんざい》だ！〉とだけ言うことには、おじいちゃんは反対なんだ。」

ヤーくん　え、なんで？

「まったく何の罪も犯していない人たちを死刑にしたり無期懲役にしたりしたのは、国家の権力を使った重大な犯罪行為だ。これは絶対に疑いがない。これを許すことは絶対にできない。ところが、これは、〈天皇〉というものがあるからこそ起こった〈国家による犯罪〉だよね。そして、この〈大逆事件〉で逮捕された人たちは、つね日ごろから、〈あいつらは天皇制度に批判的なやつらだ〉と当局から目を付けられ、憎まれていた人たちだった。これは事実だった。爆弾で殺すことなど考えていなかったとしても、天皇という制度はなくしたほうがよいと考えていた。つまり、〈神聖にして侵すべからず〉と憲法で定められていた天皇について、〈現人神〉だと大多数の〈臣民〉が思い込まされていたその天皇について、この人たちは、そんなものをなくしたほうがよい、と考えていたのだね。

もしも、この人たちの考えが〈国民〉の多数の考えになっていたら、天皇のいる制度はなくなっていただろうし、さっきここで話したような天皇の責任による〈十八年戦争〉もなかっただろうね。」

ヤーくん　あの戦争で日本人が三百万人も死んで、日本が起こしたその戦争で日本以外のアジアの人たちは二千万人も殺された、って読んだことがある。「過ぎてしまった歴史を考えるとき、〈あのとき、もしもこうだったら〉なんて仮定は無意味だ。しかし、起こってしまったことを思い起こして、そうならないためにはどうすればよかったのか、いまなら何をすることができるのかを、考えることはできる。これは、われわれがこうして生きている〈いま〉を、別のまなざしで見つめなおすことにも、つながってくるだろうね。それに、起こってしまった過去の歴史のなかには、忘れられたり埋もれてしまったりしていることが山ほどあるんだね。そういうことを思い起こしたり掘り起こしたりすることも、とても大切なことだ。天皇が神様だった時代に、それに疑問と批判を向けた人たちがいたということは、われわれが〈いま〉を見つめなおすとき、忘れてはならないことだと、おじいちゃんは思うんだ。」

ミッちゃん　でも、戦争の反省から生まれたいまの憲法では、天皇は神様じゃなくなったでしょう？　だから、もしもいまの時代にその人たちが生きていたら、死刑になんかならないですんだのよね。

「うん、ミッちゃんはそう考えるんだね。じゃあ、ちょっとここでおじいちゃんがお茶を入れるから、きみたちが持ってきてくれたロールケーキをごちそ

うになりながら一休みして、そのあと今度は昼ご飯まで、現在の天皇につい
て考えてみようか。」

ヤーくん　お茶はぼくが準備するよ。

ミッちゃん　ロールケーキはあたしが切ってくる。

Ⅲ　「人間天皇」――戦後民主主義と天皇制

1　新しい憲法と新しい天皇

ヤーくん　さっきの『六法全書』で〈日本国憲法〉のところを開いておいたよ。さあ、おじいちゃん、どこからでもかかってきていいよ！

「これは手ごわいな。さて、どこから始めるとしようか……」

ミッちゃん　さっきの〈大日本帝国憲法〉では、第一条が天皇のことだったけど、いまの〈日本国憲法〉では第何条くらいになってるのかなあ？

ヤーくん　あれ、そんなことも知らないの？　第一条に決まってるじゃないか。

ミッちゃん　うそ！　だって、もう神様じゃないんでしょう？　〈国民主権〉だってこと、お兄ちゃんこそ知らないの？

ヤーくん　（読み上げる）〈第一条［天皇の地位、国民主権］天皇は、日本国の象徴であり日本国民統合の象徴であって、この地位は、主権の存する日本国民の総意に基く。〉ほら、これが第一条だよ。

ミッちゃん　へんなの……。

「ミッちゃんが変だと思うのは、もっともだよね。いまの憲法でも、第一条はやっぱり〈天皇〉なんだ。それだけではない。〈第一条〉という字の下にカッコでくくって［天皇の地位、国民主権］と書いてあるね。これは、〈見出《みだ》し〉といって、その条文の内容を表わした説明だ。『六法全書』に収められた法律の条文はみんなこういう形式になっているのだが、その見出しも、〈天皇の地位〉のほうが〈国民主権〉より先になってるよね。」

ミッちゃん　ふう〜ん……。

ヤーくん　この憲法の〈第一章〉というところが〈天皇〉という題名になっていて、

その第一章の第一条から第八条まで、全部の条文が天皇に関するものだよ。第二章は〈戦争の放棄〉で、この章は第九条ひとつだけ。第一〇条から始まる第三章が、やっと〈国民の権利及び義務〉という章なんだね。

ミッちゃん　第九条って、日本が二度と戦争をしない、軍備も持たない、って決めた条文でしょう。でも、そんな大事な条文よりも、天皇のほうが先なんだ、この憲法って。

「さっき見たように、一九四六年の一一月三日に公布されて、四七年五月三日に施行されたこの〈日本国憲法〉については、第九条をめぐって議論がされてきたことは、きみたちも知ってるよね。〈自衛隊〉やその〈海外派兵〉が憲法第九条と、それに関連する憲法の〈前文〉に、違反するかどうかについても、問題になってきた。ところが、それに比べると、この憲法と天皇との関係については、〈象徴〉とはどういう意味か、という点を除いて、あまり触れられることがなかったんだね。しかも、〈象徴〉とは何かということも、いまだに明らかでないままだ。」

ヤーくん　でも、憲法の上では神様じゃなくなったんだから、さっきみたいな〈大逆罪〉はどうなるの?

「もちろん、刑法から〈第七三条〉は削除された。ほら、『六法全書』でも、〈第七三条から七六条［皇室に対する罪］削除〉と書かれているよね。なぜ七六条までかというと、〈皇室に対する罪〉には、〈大逆罪〉のほかに、〈不敬の行為〉を罰する〈不敬罪〉というものもあったからだ。天皇やその一族に敬意を払わない行為——たとえば天皇や皇太子を漫画に描いたり、〈天皇だってウンコするんだ〉と友だちに話したりすると、〈不敬罪〉で三か月以上、五年以下の懲役になった。実際にあった例では、自分の日記のなかに天皇を批判する文章を書いていた人が、さっき話した〈大逆事件〉への関連を疑われて家宅捜索を受けたとき、それが発見されて、〈大逆事件〉では無関係だとされたのに、日記帳の記載のために〈不敬罪〉で罰せられた——というウソみたいなことまであったんだよ。
それから、危害を加えようとしただけで絶対に死刑が適用される天皇など六人に対する〈大逆罪〉のほかに、それ以外の皇族たちに対する罪も定められていた。第七五条では、天皇以下の六人を除いたそれ以外の皇族に対して、危害を加えた場合は死刑、加えようとした場合は無期懲役、とされていた。そういうわけで、〈皇室に対する罪〉は七三条から七六条まであったわけだ。もちろん、戦後の新憲法の下《もと》ではすべて刑法から削除された。」

ミッちゃん　戦争に負けて、ようやく国民は〈臣民〉じゃなくなった。それだけじゃなくて、天皇も神様なんかじゃなくなって、やっと人間になれたわけね。

「とても大切なことに気がついたね。天皇が〈現人神《あらひとがみ》〉から〈人間〉になったとされたことは、日本の戦後を考えるとき、とても重要な出来事なんだね。もちろん、いま現在のことにも関係している。……ところで、きみたち、〈人間宣言〉って、知ってるかい？」

ヤーくん／ミッちゃん　……⁉

「日本の敗戦は一九四五年の夏だよね。そのすぐ翌年、一九四六年の元日に、天皇は例年どおり、年頭の勅語《ちょくご》を発した。勅語というのは天皇の〈お言葉〉のことだよ。つまり、いまも続いている新年の〈お言葉〉。その勅語のなかで、昭和天皇は、〈朕《ちん》と爾等《なんじら》国民との間の紐帯《じゅうたい》は、終始相互の信頼と敬愛とに依《よ》りて結ばれ、単なる神話と伝説とに依りて生《しょう》ぜるものに非《あら》ず〉と述べたのだ。〈朕〉というのは、天皇の一人称、つまり〈わたし〉という意味だ。〈紐帯〉というのは、〈ちゅうたい〉と読むのが普通だが、〈結びつける絆《きずな》〉のこと。要するに、〈天皇と国民は、神話や伝説だけにもとづいて結びついているのではない〉という意味だよね。天皇が天照大神の子孫で〈現人神〉だという〈単なる神話と伝説〉によって、天皇と国民は結びついているのではない。〈常に一貫してお互い同士の信頼と敬愛とによって結ばれているのだ〉――というのだ。これが、天皇の〈人間宣言〉と呼ばれる歴史的事件なんだよ。

この〈人間宣言〉は、占領軍が天皇の戦争責任を問わないという決定をするうえでも役立ったし、新しい憲法で天皇が〈象徴〉として位置づけられるための前提にもなったんだ。」

ミッちゃん　でも、ちょっと勝手じゃない？　もともと平等で対等な関係じゃなかったわけでしょ？　信頼とか敬愛というのは、平等で対等な関係のなかでしか生まれないわよねえ。〈大逆事件〉でも、天皇が神様だから人間が死刑になったんでしょ？〈危害〉を加えようとしたのがもしも事実でも、相手が人間だったら死刑になんかならないわよねえ。それなのに、いまさら〈単なる神話〉だなんて。それ、本人が言うの？

ヤーくん　戦争のときの特攻隊の若者たちだって、天皇が神様だから〈神風〉が吹いて日本は勝つんだ、と信じさせられて、死んでいったんだよね。――でも、やっぱりその〈人間宣言〉で、さっきミッちゃんも言ったとおり、天皇だってやっと人間になれたわけだから。

「天皇の〈人間宣言〉や新憲法の誕生と同じ時期に、いまきみたちが言ったことと同じことを、真剣に考えようとした人たちがいたんだよ。天皇は神様から〈人間天皇〉になった。では、このことにどういう意味があるのだろう？ここから〈戦後〉の新しい時代が始まるとしたら、私たちはどういう問題をしっかり引き受けていかなければならないのか？――こういうことを考えようとした一人に、中野重治《しげはる》＊という作家がいた。」

ヤーくん　中野重治って、知らないなあ。

ミッちゃん　あたしも。

「この人は一九〇二年の生まれで、戦前は〈プロレタリア文学〉というグループを代表する詩人・小説家の一人だったんだ。」

ヤーくん　プロレタリア文学って、小林多喜二＊の『蟹工船』、ぼく読んだよ！

「ほう。その小林多喜二より中野重治のほうが一つ年上なんだが、小林多喜二は一九三三年に警察に捕まって拷問で殺されてしまった。『蟹工船』を読

中野重治
（一九〇二～七九）
プロレタリア文学運動が生んだすぐれた小説家・詩人のひとり。〈転向小説〉でもある短篇『村の家』（一九三五）のほか、中篇小説『歌のわかれ』（一九三九）長篇小説『むらぎも』（一九五四）など、自身の軌跡を凝視した作品がある。また、『ハイネ人生読本』（一九三六）、『斎藤茂吉ノオト』（一九四二）など戦時期の評論は、中野の〈転向〉が〈偽装〉だったことを示す芸術的抵抗の結実と言えよう。

んだヤーくんは知ってるよね。これも、文学運動をつうじて、天皇のいる制度をなくそうとしたからだ。そのころは、天皇や皇族に危害を加えようとしなくても、天皇がいる国家の制度を変えようとしただけで最高〈死刑〉の、〈治安維持法〉という法律ができていたんだよ。小林多喜二は、この法律に違反したという容疑で逮捕されて、警察署で拷問のすえに殺された。これから見ていく中野重治は、何度も逮捕されたすえに、とうとう〈転向〉したんだ。――今後はもう天皇制度に反対する運動には関わりません、と裁判所あてに誓約書を出して、刑を軽くしてもらうかわりに自分の思想を変えることを、〈転向〉と呼んだのだよ。中野重治は、こうして戦後まで生き延びた。」

ミッちゃん　思想の自由なんて、なかったのね。

ヤーくん　いまは、ほら、この憲法の第一九条に、〈思想および良心の自由は、これを侵してはならない。〉って書いてあるよ。

「そうだね。思想や良心という大切な基本的人権も、それから言論や表現の

小林多喜二
（一九〇三〜三三）『蟹工船』（一九二九）の読者は、そこに描かれている内容にだけでなく、それを描く文体の鮮烈さにも注目することができるはずだ。満二九歳でこの作家の仕事を途絶させた〈国家権力〉の犯罪は、いくら追及されても追及され尽くすことがないだろう。

自由も、戦後の新憲法で初めて認められたんだよ。」

ヤーくん　で、そういう自由な時代になったとき、中野重治は、戦後の新しい天皇について、何をしたの？

2　天皇を人間として解放する――中野重治の小説『五勺の酒』

「中野重治はね、一九四七年一月号の雑誌に、『五勺《しゃく》の酒』という小説を発表したんだ。この小説は、いまでも文庫本で手に入るから、読んでみるといいね。もしも本屋さんで品切れでも、大学や高校の図書館や図書室には、この作品が収められた本がきっとあるはずだ。だから、ふたりが自分で読むということを前提にして、内容をごくごく簡単に紹介しておこう。語り手は、旧制の中学校、いまの高校にあたる学校の年取った校長先生だ。この先生の教え子や学校の若い同僚や、先生自身の身内にも、戦争で死んだ人や、悲惨な負傷をして帰ってきた人たちがいる。しかし、ついこのあいだ、新しい憲法が公布され、戦後の日本は生まれ変わって再出発することになった。この小説が発表されたのは一九四七年一月号の雑誌だから、四六年一一月三日の憲法公布の直後にこの作品が書かれたことが、わかるよね。ところが、校長先生は、新しい憲法ができて、天皇に対する批判や天皇制度についての意見が自由になったこのごろ、自分の学校の生徒たちを始めとする若者たちや、ずっと戦前から天皇制度に反対してきた共産党という政党に属する人びとが、いま天皇や天皇制度に対して示す態度が、どうしても納得できないのだ。小説は、先生が親友である共産党員に宛てて書く手紙、という設定になっている。もちろん、この親友の共産党員というのは、作者、中野重治自身でもあるのだろうね。〈転向〉して戦中を生き延びた中野は、戦後にようやく合法政党になった共産党に復帰していたんだ。」

ミッちゃん　本心から自分の思想や良心を変えたわけじゃなかったのね。

「難しい問題だが、きっとそうだったと、おじいちゃんも思うね。本心からの転向ではなかったものを、〈偽装転向〉というんだ。この〈転向〉という問題は、近代・現代の歴史のなかでは、ほかの諸国よりも、日本の天皇制度の下でいちばん深刻に生じた問題だったのだよ。――校長先生は、たった五勺の酒に酔った勢いで、自分の腹立ちを親友への手紙に書くのだ。五勺というのは、一合の半分、約九〇ＣＣのことだ。先生の腹立ちは、直接的には共産党という一政党に向けられている。敗戦までは存在そのものが法律で許されない非合法政党だった共産党が、戦後ようやく合法政党になって、天皇についても天皇制についても自由に意見が言えるようになったのに、ろくな意見を言っていない、と先生は腹を立てているのだ。あ、そうそう、いまおじいちゃんは〈天皇制〉と言ったけれど、この言葉は、もともと、天皇のいる国家・社会の制度を批判する意味を込めて、プロレタリア文学もその一部分だった共産主義運動と呼ばれる革命運動の側が、使い始めた言葉なんだよ。

いまでは、天皇のいる制度を言い表わすのに、思想的立場とあまり関係なく使われるから、おじいちゃんもこれからこの〈天皇制〉という言葉を使うことがあるかもしれないね。」

ヤーくん　うん、「天皇制」って、聞いたり読んだりしたことがある。

ミッちゃん　あたし、初めて聞いたけど、もう憶えたから、おじいちゃんどんどん使っても大丈夫よ。

「うん。その天皇制が〈人間天皇〉という制度になったからといって、共産党までが天皇制を軽々しく馬鹿にしたり、天皇個人を笑いものにしたりして、それで天皇制を批判した気になっているのは、大きな間違いだ、というのが校長先生の言いたいことなんだね。神様ではなくなった。だからこれまでなら〈不敬罪〉だったようなことをして、それで一種の快感を味わう。こんなことで天皇制が持つ現実の力を国民がはねかえすことなどできないぞ、ということなのだ。」

ミッちゃん　ちょっとよくわからない。笑いものにしたり馬鹿にしたりするのが、なんで悪いの？　そりゃあ、人を馬鹿にして笑うのは、よくないに決まってるけど。でも、あんな小学生の女の子に〈愛子さまがお泣きになった〉なんて言いかたするでしょ、テレビなんかでも。ばっかじゃないかって、あたしだって思うわ。

「ははは、そうか。ところが『五勺の酒』の校長先生は、〈天皇を鼻であしらうような人間がふえればふえるほど、天皇制が長生きするだろうということを考えてもらいたいのだ〉と書いているのだよ。おじいちゃんなりに解釈すると、こういうことだ――つまり、天皇が神様だとされていて、うっかり批判すれば死刑にでもなりかねなかった時代がようやく終わって、いまこそ、批判すべきものならきちんと批判することができるようになったはずだ。それなのに、天皇制をなくすためにがんばってきたはずの人たちまでが、なぜ天皇制をなくさなければならないのかを国民にきちんと説明することをしないで、笑ったり馬鹿にしたりして、それで天皇制を否定したつもりになっている。天皇制に対するこういう態度が、じつは天皇制に対する無関心をますます増大させていくのではないだろうか。そして、そういう無関心こそが、天皇制をいつまでも生き延びさせるのだ——。校長先生はこう考えたのだね。」

ミッちゃん　で、校長先生は、なぜ天皇制をなくさなければならないと考えてるの？

「さっき言った新憲法の公布を祝って、一九四六年一一月三日に皇居前で〈新憲法公布祝賀都民大会〉というものが開かれて、三万人が参加した。そこに天皇・皇后も出席したんだね。校長先生も、それに参加したことになっているんだ。出席した天皇夫婦を見て、先生は家に帰るわけだが、そのときのことを先生は手紙に書くのだよ。

祝賀大会が終わったあと、人びとがそれぞれ家路を急ぐ姿があった。天皇夫婦も、あれから馬車に乗って、松の木の向こうに見えなくなって、街の響きも人間の声も聞こえなくなったところへ帰っていった。だが、同じく家路をたどるにしても、そのときのわれわれの気持ちと、天皇夫婦の気持ちとのあいだには、決定的な違いがあるのではないか。この違い、〈皮膚感覚の人間的ちがい〉、それをこそしっかり考えなければならないのではないか、と先生は言うのだ。」

ヤーくん　少し難しいなあ。

「うん。おじいちゃんなりの説明を加えると、こういうことだ。――普通の人たちの場合なら、家に帰る途中や家に帰ってから、〈きょうは天皇と皇后の実物を近くから見たぞ〉とか、〈天皇の歩きかたは……〉とか、〈帰ってどんな夕飯を食べるんだろう?〉とか、それこそ勝手に自由にしゃべりまくって、話題にしたり酒のさかなにしたりできるよね。ところが天皇夫婦はどうだろう? そういう馬鹿話なんかできないだろうね。いったい、あの夫婦の、あの家族の、夕食の話題とは、どんなものなのだろうか。どんな冷えびえとした日常なんだろうか。きみたちも、何かの行事のとき、天皇が老人ホームや病院などを訪問して、そこのお年寄りや病人に語りかけるのを、テレビで見たことがあるよね。本当に心からそう思っているのでなくても、役割として〈ぐあいはどうですか？〉とか〈お薬はもう飲みましたか？〉とか、まったく意味のない〈お言葉〉を掛けなくてはならない天皇や皇后を、かわいそうだと思ったことはないかい？」

ミッちゃん　うん。いつもそう思う。

ヤーくん　見え見えだもんね、かえってミジメだよね。こっちが恥ずかしくなる。「校長先生も、天皇の姿を見て恥ずかしい思いがする、と書いている。先生は、もしも天皇制をなくそうというのなら、そういう生きかたをしなければならない天皇を人間として解放すること、〈天皇の天皇制からの解放〉を、真剣に考えなければならない――と言うのだ。」

ヤーくん　天皇制があるから天皇自身が本当の人間になれない、というわけだね。「そうなんだ。いくら〈人間宣言〉をして神様ではなくなったといっても、やっぱり普通の人ではない〈天皇〉であるかぎりは、喜怒哀楽を自由に表現したり、馬鹿話をして大声で笑いあったり、好きな人を夢中で愛したり、喧嘩したり仲直りしたりすることはできない。それができるようになるためにも、天皇を天皇制から解放すること、つまり天皇制をなくすことが必要だ。天皇制をなくそうと考えるのなら、このことを人びとに訴えるべきだ。――こう、校長先生は言うわけだ。もちろん、これはその当時の作者・中野重治の考えでもあったわけだね。」

ミッちゃん　わかるけど、やっぱりわからないわ。だって、天皇家の人たちなんかより、もっともっと人間らしくない生活しかできない人たちって、いっぱいいるでしょう？　どうして、そういう人たちのことをまず最初に考えなかったのかしら、中野重治って作家？

「きびしいね。じつは、おじいちゃんも少しばかりそう思うよ。でも、この作品が書かれたのは、日本中が〈人間天皇〉の時代になったと大喜びしていた時期だったんだね。〈人間天皇〉になったら、天皇制は続いてもいいのか?〈人間天皇〉というけれど、いったい天皇は〈人間〉と言えるのか?——こういう重要な問題を、この作品は見据えようとしていたんだよ。新しい憲法、つまりいまの〈日本国憲法〉だが、その新憲法の〈象徴天皇〉という規定そのものに、中野重治は、いや校長先生は、疑問を提起したのだ。〈人間宣言〉というけれど、〈象徴〉は〈人間〉ではない。ほんとうに天皇が〈人間〉にならなければ、天皇制はじつは少しも変わらないのだ。天皇と国民の関係も、じつは敗戦前と少しも変わらないのだ。こう言いたかったのだね。

だが、それにもまして、この作品にはとても大切なことが一つ描かれている、とおじいちゃんは思うんだ。」

ヤーくん　それって、どんなこと?

「じつはね、この校長先生というのは、大学生のころ、たぶん一九二〇年代の中頃だが、ひそかに天皇制に対して批判的な思いを持っていたんだね。つまり、そういう人物として描かれているのだ。校長先生は、かつて若いころ、この手紙を書いた相手である親友や、その仲間たちのような、天皇制に批判的な〈左翼〉と言われる若者たちに、心のなかで共感を抱いていた。ところが、校長先生の父親は警察官で、しかも署長という高い地位にいたのだ。警察署長を父に持つ校長先生——もちろん、のちの校長先生だが——そのかれに対して、学友たちは一定の距離を置いてしか付き合わなかった。危ない話、つまりさっき言った〈治安維持法〉に触れるような話は、絶対にかれには話さなかったんだ。かれのほうでも、遠慮して、そういうことには触れようとしなかった。こうして、ほんとうは天皇制に対して批判的だったのに、そういうことを友人たちと話し合う機会さえ持つことができなかったんだ。さっき、〈思想および良心の自由〉というのが問題になったけれど、この校長先生は、当時の制度や世の中の大勢に反するような思想に共感を抱いていた。それなのに、自分の良心に従ってそのことを近い友人たちとさえ語り合うこともできなかったんだ。そのさみしさと無念さを、戦後にようやく親友へのこの手紙に書くことができたのだね。

警察官でも、正義感に燃えて誠実に自分の職務を果している人がたくさんいるのは、言うまでもないよね。父親が警察署長だからといって、のちの校長先生がそういう無念な生きかたを余儀なくされたなんて、いまでは考えられないことかもしれない。しかし、当時の警察というのは、天皇制国家のもっとも恐れられた暴力機構そのものだったのだ。〈大逆事件〉で活躍したのも、『蟹工船』の小林多喜二を殺したのも、天皇制を守るための暴力機構である警察だった。天皇制の下では、天皇とその一族だけが人間でなくなるのではないんだね。この制度を守り維持するために使われる人間たちすべてが、人間ではなくならないと生きていけないのだ。だから、警察が〈国民〉に敵対し恐れられるのではない機構になるためにも、天皇制は廃止しなくてはならない――じつは、校長先生はこう考えていたのかもしれないね。」

ヤーくん　うん。読んでみるよ、この小説。
ミッちゃん　あたしも！

3　天皇利用の国民を告発する――坂口安吾の『堕落論』『続堕落論』

「その〈五勺の酒〉の中野重治と並んで、敗戦から間もない時期に天皇制の問題を提起した文学者が、もう一人いたんだよ。坂口安吾《あんご》*という人で、この人は中野重治よりも四つ年下の一九〇六年生まれだった。その坂口安吾が、敗戦の翌年、一九四六年四月号の雑誌に『堕落論』というエッセイを発表したんだ。あの天皇の〈人間宣言〉のすぐあとだね。」

ヤーくん　坂口安吾って、〈風博士〉と〈蛸《たこ》博士〉というのが出てくるあのぶっ飛んでる小説を書いた人でしょう？　ぼく読んだことがあるよ。

「ほう、これはうれしいね。おじいちゃんもあの『風博士』はお気に入りの

坂口安吾
（一九〇六〜五五）この作家は、探偵小説（現在では〈ミステリー〉と呼ばれることが多い）にも深い関心を持っていた。『不連続殺人事件』（一九四八）、『明治開化安吾捕物帖』（一九五〇〜五二）などがその代表作である。

作品なんだ。」

ミッちゃん　ふうん。あたしも読んでみようかな。

「文庫本で全集も出ていたから、本屋さんになくても、ネットでも簡単に手に入るだろうね。――その坂口安吾が『堕落論』で何を書いているのか、これも、きみたちが自分で読むことを前提にして、簡単に話そう。

安吾はまず、この半年の間に世相は変わった、というところから始める。天皇のために死ぬことが美しいとされ、若者たちが花と散っていったが、その同じ若者でも、生き残ったものは闇屋《やみや》となった。――闇屋というのは、正規の販売ルートを通さずに売買したり、自由な売買が禁止されている物資を非合法に売買したりする商売のことだ。敗戦後の生活物資が不足していた時代には、闇でしか手に入らないものがたくさんあったのだよ。男たちが闇屋になったばかりではない。戦争中は、けなげな心情で戦場へ男を送り出した女たちも、半年の月日のうちに戦死者の位牌にぬかづくことも事務的になるばかりで、やがて新しい面影を胸にいだくようになるのも遠い日のことではない。こういう現在の人間たちの姿は、戦争中の尺度で見れば、おめおめと生きながらえて〈生き恥をさらす〉ことでしかない。堕落としか言いようがない。しかし、それは逆ではないか、と作者は言いたいのだね。

これも、おじいちゃんの勝手な読みかたと解釈だから、きみたちは自分でしっかり読んで、足りないところを補ったり、おじいちゃんとは違う解釈をしてみたりするんだよ。——さて、おめおめと生き恥をさらしてはいけない、堕落してはいけない、ということを、もっとも重要なモラルにして、つまり生きるうえでの最高の価値の尺度にして、運営されてきたのが、日本の社会だ——と坂口安吾は言うんだね。たとえば、〈忠臣蔵〉とか〈赤穂浪士〉とかいう芝居や小説でもよく知られている江戸時代の〈敵討《かたきう》ち〉がある。〈仇《あだ》討《う》ち〉とも言うが、主君や親を殺された武士は生命《いのち》をかけて敵《かたき》を討たなければならなかった。それをしないで生き恥をさらすことは許されなかった。それが〈武士道〉だとされたのだ。戦争中の〈特攻隊〉*でも、潔く死なずに生き残ることは恥だった。堕落のきわみだったのだね。こういうふうにして、人間を堕落させない仕組みが考案されてきたわけだ。〈要するに天皇制というものも武士道と同種のもの〉だ、と安吾は言う。おじいちゃんの言葉で説明すると、潔く死なずに生き恥をさらすことを堕落のきわみだとする天皇制があるからこそ、日本は国民を動員して戦争をすることができたわけだ。ところが、この仕組みとは何かということになると、その正体はつかみにくい。〈天皇制自体は真理ではなく、又自然でもないが、そこに至る歴史的な発見や洞察に於て軽々しく否定しがたい深刻な意味を含んでおり、ただ表面的な真理や自然法則だけでは割り切れない〉と安吾は言うのだ。これは、ただ笑いものにしたり、おちょくったりしたりするだけでは、天皇制は変わらない、と考えた中野重治の校長先生の意見にも通じるところがあるよね。ところが、敗戦は、この天皇制の仕組みから、モラルから、はみ出さなくては生きてい

特攻隊
〈特別攻撃隊〉の短縮形である〈特攻隊〉といえば、戦闘機もろとも敵の艦船に体当たりする〈神風特攻隊〉が思い浮かべられるだろうが、一九四一年一二月八日未明のハワイ真珠湾への奇襲攻撃のさい、すでに、潜航艇に乗った一〇名の特攻隊が、米軍の艦船に体当たりして〈玉砕〉していたのである。そのうち一名は失敗して「生き恥をさらし」、捕虜になったため、華々しく〈十軍神〉の発表をする予定だった当局は、その事実を隠して、中途半端な〈九軍神〉を祭り上げるしかなかった。

けない現実を生み出した。これまでなら、そんな生きかたは〈生き恥をさらす〉だけの恥ずかしい生きかたで、堕落でしかなかったのに、戦争に負けて天皇制がこれまでのような目に見える力を失うと、あっという間に日本人は堕落しはじめたわけだ。しかし、これは悪いことだろうか？——これが、坂口安吾の重要な問いなのだね。」

ヤーくん　堕落って、ひたすら悪いイメージだよね。

「そうだね。しかし安吾は、〈特攻隊の勇士はただ幻影であるにすぎず、人間の歴史は闇屋となるところから始まるのではないのか〉と言うのだ。つまり、生き恥をさらすことなく生命を捨てた、天皇のために生命をなげうった特攻隊の勇士からではなく、生き延びて、生き恥をさらしながら闇屋として生きるところから、〈人間の歴史〉が始まる——と言うのだね。当時、敗戦後の〈堕落〉を、戦争に負けたからだ、という意見があった。だから戦争に負けるということは惨めなのだ、という意見だ。しかし、安吾は、〈戦争に負けたから堕《お》ちるのではないのだ。人間だから堕ちるのであり、生きているから堕ちるだけだ〉と言い切る。そして、さらにこう言うのだ――人間は弱いから、永遠に堕ちぬくことはできずに、心の苦難に耐えきれず、武士道をあみだしたり、天皇を担ぎ出したりせずにはいられないだろう。しかし、他人のではなく〈自分自身の武士道、自分自身の天皇をあみだすためには〉、〈人は正しく堕ちる道を堕ちきることが必要なのだ〉と言うのだね。そして、『堕落論』をこうしめくくるのだよ――〈堕ちる道を堕ちきることによって、自分自身を発見し、救わなければならない。政治による救いなどは上皮だけの愚にもつかない物である。〉」

ミッちゃん　難しい！　でも、モラルの尺度に合わせてじゃなくて、自分の生きかたをちゃんと自分で発見することが、天皇なんか必要としない生きかたなのだ、というような意味なのかな。

ヤーくん　うん、ぼくもそうだと思う。

「おじいちゃんも、まったくそう思うね。しかしまだこの先があるんだよ。坂口安吾は、『堕落論』を発表してから八か月後の一九四六年一二月号の雑誌に、『続堕落論』というエッセイを書くのだ。題名からわかるとおり、『堕落論』の続篇だね。このなかで安吾は、現在の天皇や天皇制を考えるうえでとても大切な問題を、もう一つ提起したのだ。

天皇制というものは、天皇自身が考え出したのではない、というのが、安吾のここでの出発点なのだね。〈自分自《みずか》らを神と称し絶対の尊厳を人民に要求することは不可能だ。だが、自分が天皇にぬかずくことによって天皇を神たらしめ、それを人民に推しつけることは可能なのである。そこで彼等は天皇の擁立を自分勝手にやりながら、天皇の前にぬかずき、自分がぬかずくことによって天皇の尊厳を人民に強要し、その尊厳を利用して号令していた。〉——こう安吾は書いている。しかもだ、〈それは遠い歴史の藤原氏や武家のみの物語ではないのだ。見給え。この戦争がそうではないか。〉

ついこのあいだ終わった〈この戦争〉で家族や友人を失った人たちは、安吾の言うことが身にしみてわかっただろうね。そういう意味では、さっき見たA級戦犯たちも、天皇の身代わりになって殺されただけではなくて、天皇の尊厳を利用して人民に号令していた人物たちだったわけだ。ところが、じつは、坂口安吾の批判は、利用された天皇と利用した政治家や軍人たちだけに向けられているのではないのだよ。」

ミッちゃん　どういうこと?

「安吾は、こう書いている、〈昨年八月一五日、天皇の名によって終戦となり、天皇によって救われたと人々は言うけれども、日本歴史の証するところを見れば、常に天皇とはかかる非常の処理に対して日本歴史のあみだした独創的な作品であり、方策であり、奥の手であり、軍部はこの奥の手を本能的に知っており、我々国民又この奥の手を本能的に待ちかまえており、かくて軍部日本人合作の大詰《おおづめ》の一幕が八月一五日となった。〉——つまりここで安吾は、天皇を〈奥の手〉として使った軍部と日本人との合作、A級戦犯を頂点とする軍部と、一般の日本国民との協力関係を、問題にしているわけだ。〈合作〉というのは、共通の目的のために協力して何かをする、という意味。〈奥の手〉というのは、最後に切り札として出すカードという意味だよね。そして、このあとは、こう続くんだ、〈たえがたきを忍び、忍びがたきを忍んで、朕《ちん》の命令に服してくれという。すると国民は泣いて、外《ほか》ならぬ陛下の命令だから、忍びがたいけれども忍んで負けよう、と言う。嘘をつけ！　嘘をつけ！　嘘をつけ！〉――原文のまま読んだのだよ。」

ヤーくん　激怒してるんだね。

「その激怒は、国民の一人である自分自身にも向けられているんだ。自分を含めた日本人は、なぜこういう生きかたしかできないのだろうか。それは、天皇の命令ということになると誰もそれに逆らえないことになっているからだ。天皇のために死ぬかわりに生き恥をさらして生きのびることは、最大の堕落だというのに、その生き恥をさらして生き延びることさえも、天皇の命令なら〈忍びがたきを忍んで〉受け入れなければならない。それは〈道義〉であって堕落ではない、というわけだ。だから、この『続堕落論』でも、坂口安吾はあらためて、〈日本国民諸君、私は諸君に、日本人及び日本自体の堕落を叫ぶ。日本及び日本人は堕落しなければならぬと叫ぶ〉と呼びかけたんだ。そして、こう書いた、〈天皇制が存続し、かかる歴史的カラクリが日本の観念にからみ残って作用する限り、日本に人間の、人性の正しい開花はのぞむことができないのだ。人間の正しい光は永遠にとざされ、真の人間的幸福も、人間的苦悩も、すべて人間の真実なる姿は日本を訪れる時がないだろう。私は日本は堕落せよと叫んでいるが、実際の意味はあべこべであり、現在の日本が、そして日本的思考が、現に大いなる堕落に沈淪《ちんりん》しているのであって、我々はかかる封建遺制のカラクリにみちた〈健全なる道義〉から転落して、裸となって真実の大地へ降り立たなければならない。我々は〈健全なる道義〉から堕落することによって、真実の人間へ復帰しなければならない。〉——」

ミッちゃん　堕落ということの意味が逆だったのね。

「そうだね。しかし、この坂口安吾の〈堕落論〉がいまでも重要な意味を持っているのは、国民と呼ばれるわれわれ自身の責任を、みずから問うたからじゃないだろうか。天皇が昔のように〈神〉であっても、現在の〈象徴〉であっても、坂口安吾が〈奥の手〉と呼ぶこの天皇という存在は、天皇を特別なものとして受け入れてしまう国民がいなければ、国民という〈合作〉のパートナーがいなければ、なんの役にも立たないのだからね。」

ミッちゃん　〈国民主権〉って、そういうパートナーじゃない国民になることなのね。

ヤーくん　すごいな、〈蛸博士〉って！

「話に熱中して、だいぶ遅くなってしまったけれど、そろそろお昼にしようか。

……おばあちゃんが元気だったころは、〈あなたは家で料理をするって自慢していいるらしいけれど、ちっとも後片付けをしてくれないじゃないの〉って叱られたものだがね。きょうは時間を節約するために、おじいちゃんが手早く焼きビーフンを作るから、久しぶりに後片付けは二人に頼もうかな。

ミッちゃん／ヤーくん　うん、もちろん！

おじいちゃんの〈おすすめ本〉
『風博士』（一九三一）以外の坂口安吾の作品では、やはり探偵小説の一種である短篇『アンゴウ』（一九四八）をおすすめしたい。戦争体験とは無縁な若い読者でも、この作品の人物たちの思いを体験することはできるだろう。

Ⅳ 「日の丸」「君が代」、そして「元号」

1 オリンピックの旗、大相撲の歌

ヤーくん 天皇とか皇族とか、テレビなんかでも特別な人間みたいな言いかたしてるよね。でも、べつに自分とは関係ないと思ってたし、関心もなかったんだ。だけど、自分がこれからどういう生きかたをしていくのかを考えると、ぼくにも関係がないとは言い切れないいんだよね。

「個々の人物としては、天皇にもその一族にも、まったく関心なんかないよ、おじいちゃんだって。でも、天皇制という社会制度を、具体的な生きた人間の姿で表現している人物たちなのだから、自分と無関係だとは言えないんだよね。」

ミッちゃん　天皇を切り札にしたゲームに国民が参加している、っていう坂口安吾の意見、ちょっとショック。天皇に関係したことは、あたしたちにも責任がある、っていうことでしょ?

「そうだよね。しかも、天皇制のことを考えるときには、自分が生きて生活しているこの〈いま〉と〈ここ〉のことを考えるだけでは、すまないんだね。自分自身の責任についても、そうなんだ。」

ミッちゃん　それ、どういうこと?

「二六八〇年も〈万世一系〉の天皇が続いてきたというのは、もちろんウソだとしても、〈大日本帝国憲法〉と現在の〈日本国憲法〉とで天皇の地位と役割がはっきりと法的に定められた時代だけでも、すでに一二五年以上になる。その一二五年を超える時代のなかで、天皇制はずっと生きて機能してきたわけだ。だから、いま天皇制があるということは、その一二五年の歴史を背負った天皇制があるということなんだね。敗戦によっても天皇制はなくならなかったのだし、しかも同じ昭和天皇がそのまま天皇でありつづけて、昭和天皇の死後はその長男の明仁《あきひと》天皇が〈万世一系〉を引き継いだのだから、現在の天皇制は、この〈日本〉という国家社会の一二〇〇年の歴史と、切り離せないわけだよね。」

ヤーくん　大学の講義で〈十五年戦争〉のことを話した教授がいるって、さっき言ったでしょ。その授業のとき、〈いつまでも古い過去のことを言っていないで、未来志向で考えるべきじゃないか〉という意味の質問をした学生がいたんだ。おじいちゃんは、どう思う？

「先生はなんと答えたの？」

ヤーくん　ドイツの大統領かなにかが、〈過去に目を閉ざすものは、ついには現在に対しても盲目となる〉と言ってるんだって。* 先生はそう言っていた。

「だれか〈えらい人〉がこう言っている、という答えかたは、おじいちゃん

おじいちゃんのコメント

一九八五年五月八日、ドイツ敗戦四〇周年にあたって、ドイツ連邦共和国（西ドイツ）大統領リヒャルト・フォン・ヴァイツゼッカー（〈フォン〉は旧貴族の称号）は、国会で記念演説を行なった。この演説は五カ月後に日本語にも訳され、そのなかの〈過去に目を閉ざすものは、ついには現在に対しても盲目となる〉と

はあまり好きではない。だれかの意見を引用したり紹介したりするとしても、その意見について自分はこう思う、というふうに、自分自身の意見をきちんと述べるべきと思うんだ。そうでないと、〈天皇陛下が戦争をやめるとおっしゃったから、戦争をやめることにする〉という、あの坂口安吾が批判したのと同じパターンになってしまうよね。

それはそれとして、〈いつまでも過去のことを言っていないで〉という意見は、日本の歴史上の過去に対する責任が問題になるとき、きまって出てくる代表的な意見なんだね。この意見について、おじいちゃんの考えはとても簡単なものだ。もしも、過去の体験をきちんと生かして現在を生きている人なら、〈いつまでも過去のことを言っていないで〉というような意見をいだくわけはない、ということだ。こういう意見を言う人たちは、過去の体験を現在に生かしたうえで、そして未来に生かすために何かをしたうえで、そう言っているのだろうか？　いまどう生きるか、これからどう生きていくかを

いう言葉は、大きな共感と讃辞を呼んだ。しかし、その当時の西ドイツでは、外国人移民労働者に対する排撃、ネオ・ナチと称される極右青少年の増加など、この国家社会のかかえる矛盾があちこちで露出していた。そして、そういう国家社会に対して批判的な行動を起こした若者たちが何人も、〈テロリスト〉と呼ばれて殺されたり獄中にとらわれたりしていたのである。それゆえ、むしろ逆に〈現在に目を閉ざすものは、過去に対しても盲目とならざるを得ない〉という言葉を大統領に投げ返したい、と考えるドイツ市民やドイツ在住者も、少なからずいたにちがいないのだ。

考えるとき、きみたちだって、自分の過去の体験を生かさないで、それを考えることなんかできないのじゃないかい？」

ヤーくん　うん、それはわかる。でも、そういう意見を言う人たちは、〈もう昔のような天皇のための戦争なんか日本が起こすはずはないし、明治憲法の時代と現在の憲法の時代とでは、天皇の役割も国民の権利も、それから国民の考えだって、全然ちがっているんだから〉って言いたいんじゃないのかな。

「うん。ヤーくんの言うとおりだろうね。しかしそれは、ほんとうにそうなんだろうか？　過去の体験をきちんと生かして、国の制度も、国民の権利も、それから何より国民の考えも、ほんとうに変わったのだろうか？」

ヤーくん／ミッちゃん　……？

「オリンピックって、知ってるね？」

ヤーくん　知ってるよ、知らない人なんていないでしょ？

ミッちゃん　なんで、急にオリンピックなの？

「そのオリンピックや、サッカーの国際試合なんかで、日本選手は胸に何を付けている？　それから、開会式なんかで、先頭の選手が掲げる旗は？」

ミッちゃん　〈日の丸〉！

「なぜ〈日の丸〉なのかな？」

ミッちゃん　だって日本の国旗でしょ。

「日本の国旗って、いつごろ、そう決まったの？」

ヤーくん　日本という国が統一された国としてできたときだから、明治維新のころ？

「うん、そう思うのが普通かもしれないよね。──ところがじつは、一九九九年八月なんだ。」

ミッちゃん　ええっ、あたしが生まれる一年前!?　ほんとうに？

「ほんとうさ。なにしろ日本は、西暦でいえば紀元前七世紀に神武天皇が国を建てたのだ、とされていたのだから、〈国旗〉だってずいぶん古くからあったのだろうと思うよね。ところが、日本という国が〈大日本帝国〉という統一国家として一八六八年ごろに出発してからでも、一九九九年までは〈国旗〉なんてなかったんだよ。なくても別にどうってことなかったわけさ。」

ミッちゃん　また、信じられない！

ヤーくん　でも、〈国歌〉ってあったよね。ぼく、〈君が代〉歌わされたもの。陰気で意味不明で、好きじゃないのに、先生が〈国歌だから歌いなさい！〉って言うんだ。

ミッちゃん　大相撲の千秋楽なんかでも、観客が立って歌ってる。

「うん。〈日の丸〉はオリンピックの旗で、〈君が代〉は大相撲の歌だと思っていた子どもたちも、少なくなかったんだね。では、その〈君が代〉は、いつ〈国歌〉になったのかな?」

ミッちゃん　めっちゃ古くさい歌だけど、もしかして〈国旗〉と同じなの?

「そのとおり。一九九九年八月九日に国会で〈国旗及び国歌に関する法律〉

というものが成立して、四日後の八月一三日に公布されたんだ。〈この法律は、公布の日から施行する〉という〈付則〉が付いていたので、すぐその日に施行された。つまり、その日から法律としての効力を持つようになった。」

ミッちゃん　なぜそんなに急いだのかしらね。

「この法律も、祝日の〈建国記念の日〉と同じで、ずいぶん長いこと賛成と反対の意見が対立して、ようやく国会で可決にこぎつけたんだね。だから、これを待ちかねていた人たちは、一日でも早く施行したかったんだろうね。〈終戦記念〉の儀式に天皇が参加する八月一五日にも、間に合わせたかったのかもしれない。」

ヤーくん　なんで賛成と反対が長いあいだ対立していたの？　だって、国に国旗や国歌があるのは、当たり前じゃないの？

「それじゃあ、ヤーくんが当り前だと思うことになぜ強い反対意見があるのか、そのことから考えてみようか。」

ヤーくん／ミッちゃん　うん！

2　「日の丸」「君が代」――なぜ問題なのか？

「きみたち、戦争中に撮影された写真や映画を見たことがあるかい？」

ヤーくん　うん、大学の授業で昔のニュース映画を見せてくれた先生がいて、兵隊になっていく青年を、村の人たちが大勢で旗を振って見送る場面が出てきた。

「どんな旗を振ってた？」

ヤーくん　もちろん日の丸の……

「そうだね。見送るときだけじゃなくて、日本の軍隊がアジアの各地に送られて、アジアのほとんど全地域を戦場にして、そこを軍隊で占領して支配したとき、日本の軍隊のシンボルは〈日の丸〉の旗だったんだね。法律で決まった〈国旗〉ではなかったが、これが日本の旗、日本軍の旗やマークだったんだ。」

ヤーくん　そうなんだ！　何年か前に、サッカーのワールドカップが北京であったとき、中国の観衆が日本の国旗を燃やして問題になったでしょう。スポーツで敵同士になったからって、なんであんな野蛮なことをするんだろうと思ったけど、中国の人たちからすれば、〈日の丸〉は日本軍の旗だという記憶は、きっと強烈なのかもしれないよね。それを日本の応援団がさかんに振ったんだものね。

ミッちゃん　中学校の授業で、〈足を踏んだ側は、踏んだことを忘れるし、踏んだことに気がつかないこともあるけれど、足を踏まれた側は、痛さを忘れない〉って話してくれた先生がいた。

「おじいちゃんは戦中世代ではないので、戦場に送られた体験はないし、もしもその時代におとなだったとしても、きっと戦争に反対する勇気なんかなかったに違いないから、えらそうなことを言う資格はないんだ。でも、〈日の丸〉を〈国旗〉にするということがどんな意味を持つのか、やっぱり考えるべきだと思うんだね。」

ヤーくん　特攻隊の若者たちは、日の丸の鉢巻をして、〈天皇陛下万歳〉って叫びながら死んでいったんでしょ？

「すべての兵士たちがそう叫んだかどうかは、わからない。しかし、〈日の丸〉がシンボルだったその戦争が、〈天皇陛下のための戦争〉だとされていたことは事実だし、戦死するのもアジアの人たちを殺すのも〈天皇陛下のため〉だったのは、否定できないね。」

ヤーくん　でも、もう天皇は神様じゃないんだし、日本が天皇の命令というかたちで戦争をすることもないだろうし。だから、いまでは〈日の丸〉の意味も変わってきてるんじゃないのかな。アジアの人たちは忘れないとしても。

「うん、そういう考えもあるよね。急いで結論を出す必要はないんだから、いろいろな面から考えてみよう。ミッちゃんの意見はどう？」

ミッちゃん　〈日の丸〉のことはよくわからないけど、〈君が代〉の〈君〉というのは天皇のことだって、お母さんが言ってたわ。

ドイツの国旗
一九一八年一一月九日に革命によって崩壊した〈ドイツ帝国〉（〈第二帝国〉）の国旗は、上から順に「黒・白・赤」の三

ヤーくん　この『広辞苑』には、〈君が代〉という単語のところに〈天皇の治世《ちせい》を祝った歌〉という説明があって、歌詞も載ってるよ。

ミッちゃん　〈治世〉って？

ヤーくん　〈君主として世を治めること、また、その期間〉だってさ。

ミッちゃん　ええっ、「君主」って？　天皇が君主なの？　国民主権なのに。

「だいたいどこの国にも、国旗があって、国歌がある、だから日本にもあって当然だ——という意見があるし、これに賛成する人は多いだろうね。ところが、残念なことに、日本の場合は、ほかの国のように国歌と国旗をごく自然に自分たちのシンボルとして受け入れて、これを誇りにするわけにはいかないんだね。二〇世紀に日本と同じような歴史をたどったドイツでは、敗戦後、それまでのヒトラーのナチス政権が決めた〈国旗〉を、それ以前の〈ヴァイマル共和国〉と呼ばれる民主主義時代の〈黒赤金〉の三色旗と同じデザインのものに変えた。* 国歌は、昔からのものを引き継いだが、君主制や侵略を

色旗だった。その後の「ドイツ共和国」（「ヴァイマル共和国」）は、その国旗を廃して、〈黒・赤・金〉の三色とした。一九三三年一月三〇日にヒトラーの首相就任によって発足したナチスの〈第三帝国〉は、旧・ドイツ帝国の〈黒・白・赤〉の国旗を復活させた。よく知られている〈鉤《かぎ》十字〉（ハーケンクロイツ）の旗は、もともとナチ党の党旗だったが、「黒・白・赤」の旗とともに国旗とされ、やがて一九三五年九月に法律によって、〈鉤十字旗〉が〈唯一の国旗〉となった。敗戦後のドイツは、ナチス時代の国旗と訣別して、東西ともに、ヴァイマル共和国の〈黒・赤・金〉を蘇らせた。

美化するような歌詞は削除した。おじいちゃんは、ドイツという国とその国民性があまり好きじゃないんだけれど――なにしろ、日本人と同じように〈権威〉に弱くて、みんな〈右に倣《なら》え！〉式のところがあるのでね――しかし、国旗と国歌に関しても、少なくとも過去の体験を生かそうとしたのだよね、ドイツは。」

ヤーくん　〈君が代〉と〈日の丸〉とがセットになっていることで、ますます、〈日本は過去の体験を生かそうとしていないじゃないか〉ということの証拠みたいになるよね。

「そうだね。しかし、アジアの人たちからそう言われるから考える、というのでは情けない。自分たちでしっかり考えなければならない問題なんだからね。」

ミッちゃん　国民主権なのに、君主の治世を祝う歌なんかを国歌にしていることが、いちばんショックだわ。

「その〈君が代〉にしても〈日の丸〉にしても、もともと〈国歌〉でも〈国旗〉でもなかったのだから、もしも国歌や国旗がどうしても必要だというのなら、もっと別の、もっとふさわしいものを作ればいいわけだ。そうしないのは、やっぱり〈天皇〉と関係の深いものを捨てることができない、ということかもしれないね。国民の考えも昔とは変わっている、というのも、疑わしいわけだ。」

ミッちゃん　過去のことじゃないのね。現在のことなんだ。これを考えるのが、未来志向なのよね。

ヤーくん　うん。それでいま思いついたんだけど、〈元号〉ってあるでしょ？〈平成〉とか〈昭和〉とか。あれも、天皇と関係があるんだよね。ぼくの友だちで、大学の書類なんかにも、絶対に〈平成何年〉って書かない人が、けっこういるよ。ぼくもこのごろ、そうしてるんだけど。

「大学の事務では何も言われないかい？」

ヤーくん　書類には、〈平成〇〇年〇月〇〇日〉と日付けが印刷されてるんだけど、無視して〈2010年〉って書いてしまうんだ。最初はブツブツ言われたけど、そのうち黙って受け取ってくれるようになった。

「この〈元号〉というのも、法律で決まっているんだよ。やはり強い反対があって、長いあいだ議論がなされたすえに、一九七九年六月に〈元号法〉というものが成立した。そういう強い反対があったので、この法案が成立したあと、政府はわざわざ〈内閣法制局長官〉という法律担当の責任者に、〈国民が書く正式の書類の日付けは、〈元号〉を使わないで〈西暦〉で書いても、効力に変わりはない〉という意味の見解を表明させたんだよ。だから、学校関係の書類だけじゃなくて、市役所や区役所でも、銀行や郵便局でも、日付けを西暦で書くことに、まったくなんの問題もないのだね。――その〈元号法〉というのは、ほらこの『六法全書』でわかるとおり、たった二項目だけの法律だ。」

【資料8】

元号法

1 元号は、政令で定める。

2 元号は、皇位の継承があった場合に限り改める。

ミッちゃん 〈皇位の継承〉って、天皇が死んで、次の天皇になることね。元号は、そのときにだけ変わる、ってことよね。元号は、一人の天皇とぴったり寄り添ってるのね。

「そういうわけだね。しかし、明治時代までは、同じ天皇の在位期間でも、なにか大きな自然災害や政治的事件などがあると、元号を変えるのが普通だったのだ。たとえば、江戸時代の末期、明治天皇のお父さんの孝明天皇の時代だけでも、元号は途中で六回も変わったんだよ。しかも、その孝明天皇が天皇になったときには、元号は〈弘化三年〉のままで変わらなかった。これは、明治天皇の場合も同じだ。明治天皇が天皇の位に就いたのは〈慶応三年〉の一月だが、〈慶応〉はそのまま続いて、翌年の〈慶応四年〉の九月に初めて〈明治〉という元号になったんだよ。」

ヤーくん　元号が天皇と結び付けられたのは、明治維新よりあとなんだね。

「そう。だから、日本の歴史のなかでも、天皇と元号とが一対一でぴったり寄り添っているのは、まだ二人の天皇と二つの元号だけ、つまり〈大正〉、〈昭和〉だけなんだ。」

ミッちゃん　それから〈平成〉もでしょう?

ヤーくん　だって、いまの天皇が死ぬまえに、天皇制が廃止されるかもしれないじゃないか!

ミッちゃん　ええっ!?

「ははは……。でも、天皇自身には、天皇制を廃止する権限さえもないんだから、もちろん国民が天皇制をやめようと決めたときに、それに反対する権限もないわけだ。だから、ヤーくんが言うようなことが起こらないとはかぎらないよね。」

ヤーくん　天皇なんて、ほんとうは無力なんだ。

「そうだね。ところが、〈天皇制〉というものは、けっして無力なんかじゃない。このことをしっかり考えることが大切なんだね。しかも、これまでにここで見てきたような、目に見えるもの、たとえば国旗とか国歌とか元号とか、そういうものを見て〈天皇制〉のことを考えるだけでは、じつは天皇制に触れたことにはならないんだよ。」

ミッちゃん　じゃあ、なにを見て、どういうことを考えればいいの?

「簡単ではないけれど、みんなでそれを手探りしてみよう。」

3 「一木一草に天皇制がある……」

「これまでにも、とてもたくさんの人たちが、〈天皇制〉とは何か、というテーマをめぐって、いろいろなことを考えてきた。戦後になってから出版された本だけでも、百冊や二百冊なんかではすまないかもしれない。そういう〈天皇制論〉のうちでも、よく言及される一つが、〈一木一草《いちもくいっそう》に天皇制がある〉という、竹内好《よしみ》*という人の考えなのだね。」

ミッちゃん　それって、どういう意味なの？

「どういう意味かは、これからじっくり考えてみることにしよう。でも、とりあえず言うと、〈この日本という国家社会では、一本の木にも、一本の草にも、天皇制が宿っているのだ〉という意味なんだ。〈宿っている〉と言ったけれど、これは〈しみこんでいる〉と言ってもいいだろうね。竹内好という人は、一九一〇年生まれで、もともと中国文学者だった。中国やアジアと

竹内好
（一九一〇〜七七）一九三三年に中国文学研究者や作家たちとともに始めた「中国文学研究会」を、中国研究が中国やアジアに対する侵略戦争に利用されることを懸念して一九四二年に解散するなど、自己の知的営為についてきわめて自覚的な知識人だった。論集『日本とアジア』（ちくま学芸文庫）で、その思想のエッセンスに触れることができる。

の関係をたえず見つめながら文学や思想の研究をした人だが、戦争体験を経て、戦後時代は一貫して日本の社会や思想のありかたに厳しい批判を向けつづけた。——ほら、ここにその文章がある。ヤーくん、この部分だけでいいから読んでみてくれないか。」

ヤーくん　（読む）

〈トルソに全ギリシアがある〉ように、一木一草に天皇制がある。われわれの皮膚感覚に天皇制がある。芸術だけがそれから免れてあるはずがない。トルソばかりでなく、全芸術が天皇制に浸透されている。天皇制の中で、天皇制からの脱却に向って苦しんでいるのが日本の芸術である。その苦しみのために日本の芸術は人間的でありえたし、今もある。もし脱却の努力を放棄するなら、その瞬間に天皇制の非人間性が芸術の側に移され、芸術は非人間的となる。つまり芸術は非芸術化されるのである。　【資料9】

「うん、ありがとう。長い文章のいちばん最後の部分だけ読んでもらったので、わかりにくいと思うから、まずおじいちゃんが説明を加えてみようね。

　この文章は、一九五八年に勁草《けいそう》書房という出版社から刊行された『講座　現代芸術』の第五巻に収められたもので、『権力と芸術』と題されている。そこからもわかるように、もともと芸術について論じたものなんだ。権力というのは、ここでは近代・現代の〈公権力〉、つまり国家の権力のことだ。きみたちも知っているように、二〇世紀という時代は、ヒトラー*・ドイツのナチズムとか、イタリアのファシズムとか、それらと対立する旧ソ連のスターリン体制*とか、いまもある中華人民共和国や朝鮮民主主義人民共和国、つまりいわゆる中国や北朝鮮など、一般に〈全体主義的〉といわれる国家体制が大きな力を持って歴史を動かした時代だったよね。もちろん、旧憲法下の日本の天皇制は、ドイツ・イタリアのナチズム・ファシズムとともに、その代表的な一つだった。文学や音楽や美術などの芸術は、中世の封建時代から近代の

アードルフ・ヒトラー
（一八八九〜一九四五）〈国民社会主義ドイツ労働者党〉（略称＝ナチ党）を率いて一九三三年一月にドイツ首相となり、その二カ月後に〈全権委任法〉によって強大な独裁権を掌握した。〈総統《フューラー》〉（〈指導者〉という意味）と称したヒトラーの権力は、行政・立法・司法、さらには軍事にも及び、日本の天皇にも比べられるその権力を、かれは敗戦直前に自殺するまで維持しつづけた。いまでは〈悪〉の代名詞とも見なされているヒトラーは、何よりも圧倒的多数の〈ドイツ国民〉の支持を基盤としていたのである。

市民社会に移っていった歴史のなかで、権力からの一定の自由を獲得したのだが、二〇世紀の前半になると、そういう全体主義的な国家のなかで、新しい状況に直面することになる。では芸術はどういう困難と可能性に直面したか、直面しているか？――これが、竹内好のこの文章の中心テーマなのだ。
　ここで注意する必要があるのは、竹内好がこれを書いた一九五八年という時点では、日本の天皇制は明治憲法下の〈現人神《あらひとがみ》〉天皇ではなく、〈人間天皇〉、〈象徴天皇〉を中心とする新しい現在の天皇制だったということだ。その天皇制と芸術との関係を、かれは〈権力と芸術〉という問題として、とらえたのだね。つまり、〈象徴天皇制〉といわれるもの、天皇には権力がないとされているその制度を、〈権力〉として論じているのだ。」

ヤーくん　それが、この〈一木一草〉ということと関係があるの？

「重要なところに気がついたね。」

ミッちゃん　でも、この〈トルソに全ギリシアがある〉って、なにが言いたいの

スターリン体制
一九一七年一一月に勃発した〈ロシア一〇月革命〉（旧暦で一〇月だった）は、やがて〈ロシア社会民主党ボリシェヴィキ派〉（のちの〈ロシア共産党〉。なお、〈ボリシェヴィキ〉は〈多数派〉の意味）が主導権を握り、議会制ではなく〈ソヴィエト〉（評議会）制度による社会主義共和国として歩みはじめることになる。一九二二年一二月に国名が〈ソヴィエト社会主義共和国連邦〉（略称＝ソ連、ソ連邦）と定められ、共産党指導部の主導権争いを繰り返しながら、一九二〇年代後半にはイョシフ・スターリン（本名＝ジュガシヴィリ。一八七八～一九五三）が権力を掌握

かなあ？

「トルソというのは、もともと〈胸から胴までの上半身〉という意味のイタリア語だが、手足も頭部もない胴体だけの、彫刻や彫像の断片のことを言うんだ。ほら、〈ミロのヴィーナス〉って、知ってるよね。あの大理石の像には、頭は付いているけれど、腕が欠けていて、完全な全身像じゃないだろう？　古代ギリシアの遺跡からは、たくさんの彫刻作品が発掘されたが、そのほとんどは、掘り出されたときには完全な姿ではなくなってしまっていて、手足や頭の欠けたトルソだったのだね。ところが、欠けてしまっていても、それでも、たとえば古代のインドやエジプトの彫刻とははっきり違っているよね。古代ギリシアの文化と文明の特徴を、それらのトルソはくっきりと帯びている。では、古代ギリシアの文化や文明の特徴、本質とは何か？　ほんとうにその特徴や本質を言い尽くそうとすれば、本を何冊書いても足りないだろうね。ところが、一つのトルソを見れば、あ、こういう〈高貴な簡素さと静か

して、〈スターリン体制〉と呼ばれる支配体制を構築した。一九三〇年代になると、ヨーロッパおよび日本のファシズム体制に対抗する必要もあって、スターリン体制は国内および世界共産主義運動内の批判勢力に対する〈粛清〉（〈反革命〉その他の罪状による死刑や強制労働）を強化し、ナチス・ドイツとの戦争には勝利したが、多くの人びとに甚大な痛手と共産主義への失望を与える結果となった。

な偉大さ〉をにじませている彫像は古代ギリシアだ、ということが一目でわかる。いわば、古代ギリシアの特徴や本質が、トルソにしみこんでいるわけだ。乗り移っている、といってもいいかな。これが〈トルソに全ギリシアがある〉という有名な言葉の意味なんだ。竹内好は、〈それと同じように、一木一草に天皇制がある〉と言うのだ。」

ヤーくん　一本の木や草に天皇制が乗り移っていて、それを見ると、あっ天皇制だ、ってわかるわけ?

「それが、この言葉の一つの意味だ。トルソを見ればギリシアが見えるように、日本の一本の木や草を見れば天皇制が見える。——ところが、じつは、それは見えない。とても見えにくい。これが竹内好の言おうとすることの第二の意味、しかも重要な意味なんだ。だってほら、道ばたに生えている一本の雑草を見て、きみたちに天皇制が見えるかい?　見えないよね。この、見えないということが、じつは芸術と関わっているんだ。」

ミッちゃん　え、なんで？

「これはおじいちゃんの解釈だけれど、竹内好がなぜ〈権力と芸術〉というテーマについて一生懸命に考えたかというと、まずひとつに、芸術というものは、目に見えないものを見えるようにするものなんだね。言いかたを変えれば、われわれが普通に見ているのとは違う隠れた姿を、芸術は描き出すわけだ。小説や詩でも、絵画や彫刻でも、そうだよね。音楽の場合なら、われわれには聞こえなかった音やメロディを聞こえるようにする。そして一方、権力というものは、目に見えにくい。その権力が効果的に働いている場合には、ますます目に見えなくなる。だってそうだろう、権力がわれわれの上に目に見える形でのしかかってきたら、息が詰まって、苦しくて、それをはねのけようとするよね。こんなものに押しつぶされるくらいなら、死んだほうがましだ。どうせ死ぬのなら、この重圧と闘って死ぬほうがましだ。——こうなってしまう。だから、権力は、効果的なものであればあるほど、目に見えにくいんだ。竹内好は、日本の天皇制こそ、そういう目に見えにくい権力の最《さい》たるものだ、と考えたんだね。六百万人ものユダヤ人や、五〇万人の〈ジプシー〉とよばれるシンティ・ロマの人たちや、厖大な数の反対派や抵抗者たちを、白昼堂々と殺したナチスなんかと比べると、さっき話した『五勺の酒』の中野重治の場合のように〈転向〉を表明すれば許してくれる天皇制のほうが、はるかに目に見えにくい権力なんだね。〈象徴天皇制〉の場合は、ますますそうだ。」

ミッちゃん　だから、目に見えない天皇制こそ、目に見えないものを見えるようにする芸術が描かなければならないテーマなんだ、ということになるのね。

ヤーくん　おっ、すごい！　ミッちゃん、なかなかやるね！

「ほんとうだね。——ところがここに、ひとつの問題が出てくる。問題どころか、大難問と言ったほうがいい。権力と芸術との関係がどうしても避けることのできない大難問だ。これが、『権力と芸術』というタイトルを竹内好が付けたことの意味なんだね。もちろん、これもおじいちゃんの解釈だよ。で、権力というのは、芸術が人びとに大きな力を及ぼすことを知っているから、できるだけ自分の利益になるように芸術を利用しようとする。できれば奨励してまで利用する。ほら、〈和歌〉と呼ばれる短歌、知ってるよね。これは昔から、伝統的な日本文化の代表として、奨励されてきただろう？　一方の芸術の側では、権力によって保護されれば受け手に届くことも容易になるのだから、芸術としての力が発揮できるようにするためにも、権力に抵抗するのではなく迎合する道を選ぼうとしがちだ。権力を利用するのだ、という意気込みさえ、芸術の側は持とうとする。ところが、権力に迎合するとか、権力を利用するとかいうことは、目に見えないものを見えるようにするという芸術の根本を犠牲にすることだ。つまり、権力によって許された〈常識〉とか〈良識〉とかいうもの、当たり前とされている〈フツー〉のものを、描かざるを得なくなるのだからね。芸術が力を持とうとすれば、権力というもう一つの力と妥協しなければならない。ところが、権力に妥協すれば、芸術そのものとしての力、芸術でなければ持てない力を放棄しなければならない。」

ミッちゃん　うん、すごくわかる。高校のブラスバンド部で、しょっちゅうそういう問題にぶつかるの。あたしトランペットでしょう。ここはこういう音で吹いたほうがいい、って絶対確信してるのに、部長先生は違うと言うのよ。でも、それに従わないと、フェスティバルのときなんか、メンバーからはずされちゃうの。

ヤーくん　ぼくは高校のとき陸上部で短距離だったから、タイムがはっきりしてるよね。記録がよければ、部長の先生がなにを言おうが関係ない。でも、美術部の友だちが、ミッちゃんと同じようなことを言ってたなあ。

「なるほど、きみたちにとっても〈権力と芸術〉という問題は身近なんだね。――さてその問題は、天皇制という権力の下では、いっそう困難になる、というのが竹内好の認識なのだ。なぜそれほど困難なのかというと、天皇制は〈一木一草〉にまで宿っているからだ。しかも、そのことが見えないからだ。〈一木一草〉を見れば天皇制が見えるはずなのに、それが困難だからだ。」

ミッちゃん　またわからなくなった。〈一木一草〉って、竹内好さんは、ほんとうは何のことを言ってるのか、わからない。

「うん。おじいちゃんの理解を簡単に言うとね、日常の身の回りのどこにでもあるもの、あっても特にその意味をあらためて考えたりしなくても生きていけるもの、という意味じゃないのかな。たとえば、学校の朝礼とか、テストの成績とか、運動会や体育祭とか、夏休みのラジオ体操とか……」

ヤーくん　さっき話した〈国民の祝日〉もだよね。

「そうだね。〈国民の祝日〉が天皇制と関係があるということは、さっき調べたけれど、ふつうはそんなこと気にも留めないよね。そういう気にも留めないで生活している日常の色々なことが、じつは〈天皇制に浸透されている〉というのが、竹内好の見解なのだ。朝礼でも、修学旅行でも、運動会でも、テストでも、それにはみんな天皇制がしみこんでいるんだね。とくに重圧として感じることもなく、むしろ楽しいものと感じているかもしれない。その一つ一つのなかに天皇制があるのだ。もう一度、さっきの竹内好の文章を読んでごらん（121頁【資料9】参照）。ほら、さらに重要なのは、〈全芸術が天皇制に浸透されている〉と書かれている。〈自分の皮膚感覚に天皇制がある〉というのだ。芸術自身が、天皇制の〈一木一草〉の一つなんだね。自分も、たとえば〈国民の祝日〉や〈日の丸〉〈君が代〉と同じように、小さな天皇制、ミニ天皇制としてしか、存在し得ないのだね。」

ミッちゃん　それじゃ、見えないものを見えるようにする、という芸術の力は、天皇制があるかぎり、発揮できないの？

「そうじゃない。天皇制のなかで芸術は〈天皇制からの脱却に向って苦しんでいる〉——と竹内好は書いているのだ。その苦しみのために日本の芸術は人間的であり得たし、いまもそうだ、と言うんだね。この脱却の努力を放棄したら、その瞬間に〈天皇制の非人間性が、芸術の側に移され、芸術は非人間的となる〉、つまり芸術は芸術性を失うのだ――。これが竹内好の言いたいことなんだよ。

さっき、現在の明仁天皇は、自分の誕生日が来るたびに、死ぬまで、殺されたA級戦犯たちのことを思い起こさないわけにいかない、そういうことに普通の人間だったら耐えられるだろうか、と言ったよね。それは、天皇個人についてだけ言えることじゃなくて、そういう非人間的なことを天皇個人にも強いる天皇制そのものが、非人間的なのだね。芸術が芸術であろうとするなら、そういう非人間的な制度から脱却する努力をしつづけるしかない、と竹内好は考えるのだね。もちろん、この努力は、〈一木一草〉にしみわたっている天皇制を、目に見えるものとして描き出そうとする努力だ。その努力は、天皇制のなかで自分自身が〈一木一草〉の一つとして生きている多くの〈国民〉の反発や憎悪や、それを利用する権力の重圧を引き受けながらしか、できない。しかし、その努力を放棄して、権力に庇護されることで力を持つとしたら、芸術は芸術ではなくなるのだね。」

ヤーくん　でもこれって、芸術だけのことではないよね。

ミッちゃん　あたしもそう思う。人間の生きかたと関わってるんだ。

「きみたちも、そう思うかい。じつは、おじいちゃんがいちばん大事《だいじ》だと思うのは、こういうことなんだよ――つまり、ほんとうは〈一木一草〉にも天皇制が宿っているのに、ふつうはそれが見えない。天皇制というのは、日常生活のいたるところに身近にあるのに、それが見えない。ではどうすれば見えるのかというと、〈天皇制からの脱却に向って苦しむ〉なかでしか、〈脱却の努力〉のなかでしか、それは見えるようにならない、ということなのだ。これは、きみたちふたりが言うように、芸術だけに限ったことではないのだね。」

Ⅴ 「象徴」を考える

1 「憲法第一条」を読んでみよう

ヤークン さっき午前中に、いまの憲法の第一条で天皇は〈象徴〉とされている、ということを話し合ったよね。〈一木一草〉って、この〈象徴〉ということとも、なにか関係があるんじゃないの?

「大切なところに気がついたね。おじいちゃんも、そう思うよ。その関係を理解するのは、簡単なことではないかもしれないけれど、いっしょに考えてみよう。」

ミッちゃん あたし、もういっぺん読んでみよう。――〈第一章 天皇。第一条

〔天皇の地位、国民主権〕天皇は、日本国の象徴であり日本国民統合の象徴であって、この地位は、主権の存する日本国民の総意に基く。〉

「そのカッコのなかは内容の説明だから、正式の条文には含まれない。でも、その説明の順序が問題だということは、さっき話したよね。」

ミッちゃん うん。国民主権より、天皇の地位のほうが、先に来ている。

「この第一条について考えるとき、おじいちゃんは、ドイツやイタリアの憲法の第一条はどうなっているかを見ることが重要だ、と思うんだよ。ドイツとイタリアは、日本が〈大東亜戦争〉と名づけていたあの第二次世界大戦での敗戦まで、日本と同じようにファシズム的な国家だったんだね。この三つの国は同盟を結んで戦って、その戦争で〈連合国〉と呼ばれた国々に負けて、戦後は民主主義国家として再出発した。再出発にあたって、これからどういう国と社会をつくっていくのかを定めたのが、それぞれの国の戦後の新憲法だったのだ。

ほら、この本は、さまざまな国の憲法を日本語に訳して編集したものだ。『世界憲法集』という題名で、岩波文庫というシリーズで出ているから、簡単に手に入るよ。ただね、この本は、一九六〇年に刊行された古い版と、二〇〇七年に新しく出た〈新版〉とがあって、いま本屋さんで買えるのは、新版のほうだ。ところが、この新版にはイタリアの憲法が収められていない。それに、日本語訳も旧版のほうがわかりやすいところが多いので、この旧版のほうを読むことにしよう。……ほら、ここに〈ドイツ連邦共和国基本法〉というのが載ってるね。この〈基本法〉というのは、憲法のことだ。」

ヤークン なぜ〈憲法〉って言わないの?

「うん、それには歴史的な理由があるんだ。きみたちも知っているあのヒトラーのナチスは、クーデタ*や暴動によって政権の座に就いたのではないんだよね。そのころ〈人類史上もっとも民主的な憲法〉といわれた〈ヴァイマル憲法〉、正式には〈ドイツ共和国憲法〉というものがあったのに、その憲法

クーデタ(フランス語) 選挙などの合法的な手続きによらずに武力で国家権力を奪うこと。

のもとで、選挙によって、合法的に政権を獲得したんだ。しかも、一九三三年一月に政権を握ったナチス、つまりヒトラーのナチ党が、一九四五年五月に敗戦で崩壊するまで、その憲法はずっと存続していたのだよ。ではなぜ、その民主主義的な憲法があったのに、いまではだれでも知っているようなあのナチスの独裁政治と残虐行為が可能になったのか？――それは、憲法の精神に反するような法律がどんどん作られていって、実質的には憲法がなんの力も持たなくなったからなのだ。ユダヤ人からすべての人権を奪うという法律、あの大虐殺の法的根拠になった法律も、その一つだった。そもそも、選挙で第一党になったとはいえ過半数にさえ及ばなかったナチ党が、独裁権を握ったのも、そういう新しく作った法律によってだった。だから、敗戦後のドイツは、この歴史的体験を生かして、憲法をとくに〈基本法〉という名前にしたのだね。あらゆる法律の基本になる法、という意味だ。だから、この基本に反するような法律は、絶対に作れないという意味なのだよ。」

ミッちゃん／ヤーくん　ふう〜ん。

「戦後のドイツの憲法について考えるとき、もう一つ、念頭に置かなければならないことがあるんだ。ドイツは、敗戦後、アメリカ・イギリス・フランスの三国に占領された〈西ドイツ〉と、社会主義国のソ連に占領された〈東ドイツ〉との東西ふたつのドイツに分断されたんだね。一九四九年に、東西に分裂したまま、西の〈ドイツ連邦共和国〉と東の〈ドイツ民主共和国〉とがそれぞれ独立した。憲法も、それぞれ別のものが作られた。いまのドイツは、一九九〇年に西が東を併合してできたものだから、憲法も基本的に〈ドイツ連邦共和国基本法〉を引き継いでいる。日本の戦後憲法と比較するときは、日本と国家体制が違う社会主義の旧・東ドイツではなく、同じ資本主義国として出発した西ドイツ、つまり〈ドイツ連邦共和国〉の〈基本法〉を見る必要があるわけだね。——じゃあ、この〈基本法〉の第一条を、ミッちゃん、読んでみてくれるかい？」

ミッちゃん（読む）

第一条　①　人間の尊厳は不可侵である。これを尊重し、かつ、保護することは、すべての国家権力の義務である。　②　ドイツ国民は、それゆえに、世界における各人間共同社会・平和および正義の基礎として、不可侵の、かつ、譲渡しえない人権をみとめる。　【資料10】

「うん、そこまででいいよ。――法律の言葉だけれど、意味はわかるよね。わかるまで、何回も読んでみよう。」

ヤークン　自分たちの人間としての尊厳を認めることを、国家権力に義務づけている。でも、それだけじゃなくて、世界の国々や世界の平和と正義の基礎である人権を、自分たちは認める、と言っているところが、すごいよね。自分自身の人権だけじゃなくて、世界中の人権を認める、ということだよね。

ミッちゃん　自分たち自身の〈人間の尊厳〉を国家権力に認めさせるということは、世界中の人権を自分たちも尊重する、ということなんだ。

「おじいちゃんはドイツが好きではない、と言ったけれど、この憲法第一条は、ほんとうに感動的だと思うよ。」

ミッちゃん　イタリアのも、やっぱり感動的なの？

「それじゃ、今度はヤーくん、〈イタリア共和国憲法〉の第一条を読んでくれるかい。」

ヤークン　（読む）

第一条　イタリアは、労働に基礎を置く民主的共和国である。主権は、人民に属する。人民は、この憲法の定める形式および制限において、これを行使する。

【資料11】

「ありがとう。どうだい、意味はわかるよね?」

ミッちゃん　〈人民〉という言葉だけど、国民主権が、はっきり言われてるのね。これが第一条なんだ!

「イタリアは、ムッソリーニ*という政治家が〈ファッショ党〉という独裁政党を基盤にして政権を握って、ドイツや日本と同盟を結んでいたんだ。ファシズムという言葉は、この〈ファッショ〉が語源なんだね。しかし、戦後はその反省にもとづいて、民主主義の共和国と主権在民とを、はっきり宣言した。〈労働に基礎を置く〉というのも、おじいちゃんは大切な理念だと思うよ。労働の場や機会を奪われて、しかたなしにフリーターで死ぬ思いをしたり、年間に三万人以上もの自殺者が出るとしたら、この憲法に反するわけだからね。もちろん現実には、失業をなくすのはとても困難かもしれない。しかし、この憲法の精神を生かす努力を、政府はつねに義務づけられるのだからね。」

ヤークン　でも、日本の憲法は、第一条から第八条までの第一章が、全部〈天皇〉

ベニート・ムッソリーニ
(一八八三〜一九四五)
第一次世界大戦後、〈ファッショ〉(〈束《たば》〉、〈結束〉を意味する)の運動を展開して、一九二二年一〇月に首都ローマを制圧し、財界・軍部・政界・教会などの実力者層の支援を受けて首相となった。一九二五年以後はファッショ党の独裁政治を行ない、一九三〇年代にはヒトラーのドイツ、昭和天皇の日本と〈三国同盟〉を結んだが、第二次世界大戦で敗れて民衆によって処刑された。

なんだ。

ミッちゃん　さっき、〈いつまでも過去のことを言っていないで……〉という意見のことが出たけれど、過去のことにこだわるというのは、ほんとうは、現在のことにこだわるということなのね。

ヤークン　どういう未来を作っていくのか、ということでもあるよね。

2　「象徴」ってなに？

「われわれが、自分と自分たちはどういう現在をどのように生きているのか、どういう未来をどうやって作っていくのか――ということを考えるとき、どうしても向き合わなければならないのが、現在の憲法が定めている〈象徴〉という存在なのだね。おじいちゃんは、そう思うんだ。」

ミッちゃん　日本では天皇が象徴だけど、天皇がいない国の憲法では、だれが〈象徴〉なの？

「うん。おじいちゃんも、それを調べてみたんだ。するとね、いくつか意外なことがわかったんだよ。」

ミッちゃん　どんな？

「まず一つは、どこの国の憲法にも〈象徴〉についての規定がある、というわけじゃない――ということだ。むしろ、そんな条文はないのが一般的なのだよ。それにね、たとえばブラジル連邦の憲法には、象徴についての規定があるけれど、その条文はこうなっている、〈国家の象徴は、国旗、この憲法の公布の日に使用される国歌および法律の定めるその他の象徴である。〉――つまり、ブラジルという国家の象徴は、国旗や国歌なんだね。」

ヤークン　えっ、象徴って、人間のことじゃないの？

「フィリッピン共和国憲法では、〈フィリッピンの大統領は国の象徴的元首である〉とされている。だから、象徴が人間の場合もあるわけだ。しかし、ほとんどの場合は、国旗や国章、つまり国のシンボルマークだね、こういうものが〈象徴〉とされているんだよ。〈象徴〉という言葉は使っていなくても、憲法に国旗や国章についての条文がある国が多い。さっきも話したドイツ連邦共和国の〈基本法〉では、第二二条に〈連邦の旗は、黒・赤・金である〉という条文がある。」

ヤークン　ぼく、何かで読んだ記憶があるんだけど、イギリスの憲法では国王が象徴じゃなかったっけ？

「よく憶えていたね。でも、イギリスには憲法はないんだよ。」

ヤーくん／ミッちゃん　ええっ!?

「そうなんだ。イギリスには、憲法がなくって、〈連合王国ウエストミンスター条例〉というものが、ほかの国の憲法と似た役割を果たしている。〈連合王国〉というのは、〈大ブリテン・北アイルランド連合王国〉のことで、イギリスの正式の国名なんだよ。大ブリテン島のイングランド・スコットランド・ウエールズと、北アイルランドその他が連合してできている国だから、その連合関係についての取り決めが、国の運営にとって重要になるよね。それが〈連合王国ウエストミンスター条例〉なんだ。この条例の前文に、〈王位は連合王国の構成員の自由な結合の象徴であり、これらの構成員は王位に対する共通の忠誠によって統合されている〉と記されているんだ。〈王位〉というのは、もちろん、国王の地位のことだよね。だから、厳密に言うと、イギリスの象徴は、国王そのものじゃなくて、国王の地位だ。でも実際には、その地位に就いている国王を思い浮かべるだろうね。」

ミッちゃん　国王が象徴だから、国の名前も〈王国〉なのね。

「そのとおりだね。〈王国〉だから象徴は〈王位〉だ、とも言えるよね。」

ヤークン　日本は王国じゃないよね。帝国でもないし。

ミッちゃん　でも、天皇が象徴なのね。

「さっきから、〈象徴〉という言葉を使っているけれど、いったい〈象徴〉ってどういう意味なんだろうかね？　きみたちは、どう思う？」

ヤークン　英語でいうと、シンボルのことでしょう？

「そうだね。シンボルというのは、言語学でも哲学でも心理学でも芸術学でも使われる用語で、わかりやすく説明するのは簡単ではないんだね。よく引かれる例は、〈鳩は平和の象徴〉というものだ。鳩を見ると〈平和〉を思い浮かべる、という意味だよね。芸術を例にとると、鳩を描いた絵に〈平和〉という題名をつける、というようなことかな。逆に言うと、〈平和〉を説明するかわりに、鳩を描けばいい――ということだよね。」

ヤークン　じゃあ、〈天皇は日本国民統合の象徴〉というのは、天皇を見ると、一つにまとまっている日本国民を思い浮かべる、という意味なの？

「そうだね。」

ミッちゃん　日本国民を見るかわりに、天皇を見ればいいわけね、日本国民を知らない人は。

「そういうことになるね。ミッちゃんを知らない人にミッちゃんの顔を知ってもらおうとしたら、天皇の似顔絵を描いて見せればいいわけだ。もう少しくわしく言うと、〈ひとりの人間〉であるミッちゃんではなくて、〈日本国民〉であるミッちゃんを、たとえば似顔絵に描こうとしたら、天皇を描けばよい、ということだね。」

ミッちゃん　天皇を見た人が、それをあたしだと見てるんだ、つまり！　わあ、ショック！

ヤークン　ぼくがどんな人間かを知らない人も、天皇を見れば、ぼくがどんな人間かわかるんだ！

「きみたちが、〈ひとりの人間〉ではなく、〈日本国民〉であるかぎりはね。」

ヤークン　それって、難しいよね。〈日本人〉としてじゃなくて〈ひとりの人間〉としての〈ぼく〉って。でも、〈ひとりの人間としてのぼく〉じゃないかぎり、ぼくは天皇と同じ顔なんだ。

「ははは、そういうことになるね。――ところで、もう少し〈象徴〉ということについて考えてみよう。〈象徴〉というのは、もともとは古代ギリシア語の〈シンボロン〉という語から来ている言葉でね、ギリシア語の〈シンボロン〉は〈片割れ〉という意味なんだよ。一つのものを二つに割ると、別々の物になるけれど、それを合わせれば、割れ目がぴったり合って一つになるよね。そういう二つのものを、おたがいに〈シンボロン〉というのだ。これが、〈象徴〉と〈象徴されるもの〉との関係なんだ。」

ミッちゃん　おたがいが片割れだとしたら、両方を合わせて一つのものになるのね。どっちが欠けてもだめなんだ!

「それが重要なことだよね。そのとき、天皇はもう、〈ひとりの人間〉ではない。天皇制のなかの〈象徴〉なのだね。そして、ミッちゃんもヤーくんくんも、おじいちゃんも、〈ひとりの人間〉ではなくて、天皇制のなかの〈国民〉なんだよね。この両方をあわせると、割れ目がぴったり合って、一つの〈天皇制国家〉になるんだ。」

ミッちゃん　うん、難しいけど、わかる。

「そこで問題になるのは、ではわれわれの片割れであるこの象徴は、具体的にどんな象徴か、ということだ。つまり、われわれを知らない人がその象徴の姿を見れば、〈国民〉であるわれわれがどんな姿をしているかがわかるわけだから、その象徴が具体的にどんな姿をしているかは、われわれにとって重大問題だよね。」

ヤークン　そうだね。でも、どうしたらそれがわかるの？　ぼくたち、天皇のじっさいの姿なんて、知らないんだもの。

「天皇個人じゃないんだ、〈象徴〉の姿のことなんだよ。」

ヤークン　そうだね。でも、ますますわからないんじゃないの？　絶望的だよ。

「そうだろうか。〈一木一草〉のこと、忘れたのかい？　見えないものを見えるようにする努力は、どうしたんだい？」

ヤークン　うん！　わからないと言うのは、まだ早いよね。おじいちゃん、ヒントは？

「ははは、べつにヤーくんだけに考えさせるつもりじゃないんだ。それに、おじいちゃんにだって、わからないことだらけなんだから。もちろんミッちゃんもいっしょに、考えてみよう。」

3　憲法第二条は、第一四条に違反する

「憲法の第一章は、第一条から第八条まで、全部、天皇のことだったよね？」

ヤークン　うん、そうだね。

「その第二条を読んでみようか。」

ヤークン　（読む）

第二条［皇位の継承］皇位は、世襲のものであって、国会の議決した皇室典範の定めるところにより、これを継承する。
【資料12】

「カッコのなかに説明が書かれているとおり、憲法のこの第二条は、天皇の地位を受け継ぐことについて定めた条文なんだ。〈皇室典範〉というのは、簡単に言えば、天皇と皇族だけに適用される法律のようなものだ、と思えばいい。その〈皇室典範〉の第一章が、〈皇位継承〉に関する条文になっている。今度はミッちゃん、この〈皇室典範〉の第一章第一条を読んでくれるかい？」

ミッちゃん（読む）

第一条［継承の資格］皇位は、皇統に属する男系の男子が、これを継承する。
【資料13】

ヤークン　わかるようで、わからないなあ。
「うん。まず〈皇統〉というのは、天皇の〈血統〉ということだ。おじいちゃんは〈血統〉という言葉はあまり好きじゃないが、ほら、この犬は血統がいい、とか言うだろう？　柴犬の血統だとか、ブルドッグの血統だとか。でも、雑種の血統とは、あまり言わないよね。それと同じように、天皇の血統というものがあって、要するに、生まれたときから天皇家の〈家系〉に属するもののことだ。」
ミッちゃん　〈男系の男子〉というのは？
「これがまた、めんどうなんだね。〈男系〉というのがどういう意味かは、ちょっとあとまわしにして、まず、皇位を継承するのが〈男子〉であるということは、わかるよね。つまり、〈男子〉しか天皇になれないということだ。そこでつぎに、〈男系〉とは何か？——たとえば、現在の天皇が死ぬと、そのあとを継ぐのは皇太子だということは、知ってるよね。でも、皇太子には、いまのところ男の子がいない。しかし、もしも皇太子の娘が、将来もしも男の子を産んだら、その男の子は〈天皇の血統〉なんだから、天皇になれるかというと、それはだめなんだ。きみたち、〈女系家族〉とか〈母系社会〉とかいう言葉を知ってるかい？」

ヤークン　うん、女性がその家の跡継ぎになる制度だよね。そういう制度のある社会。

ミッちゃん　あたしも習ったことがある。

「現在の天皇制は、〈女系〉ではなくて〈男系〉の制度なのだ。この〈皇室典範〉で、そう決まっているのだよ。〈男子〉でも〈男系の男子〉しか跡継ぎになれない。だから、皇太子にいくら女の子がいても、その女の子が産んだ男の子は、跡継ぎになれないいんだね。」

ヤークン　だから天皇制は女性差別の制度だ、って書いてあるのを、ぼく読んだことがあるよ。

「そういう意見があるね。でも、おじいちゃんは、あまり賛成じゃないんだよ。たとえば、男性に兵役義務がある国で、〈女性が兵士になれないのは、女性差別だ〉、と言った女性の政治家がいるんだ。でも、武器を持つ義務、場合によっては人を殺したり破壊したりする義務を、課せられていないということが、差別なんだろうか？　もしも本当に女性差別をなくそうとするのなら、男性の兵役義務をなくすことで、男女平等を実現すべきじゃないのかな。」

ミッちゃん　じゃあ、女性が天皇になれないということを女性差別だと思うのなら、女性も天皇になれるようにするのじゃなくて、男性も天皇にならなくていいようにするべきなのね。でも、これって、天皇制をなくすってことよね。

「そうなんだね。でも、あまり結論を急いでしまわないようにしよう。――そういうわけで、〈皇室典範〉には、〈男系の男子〉しか天皇になれないということや、その〈男系の男子〉が複数いる場合に、どういう順番で皇位を継承するかについても、いろいろくわしく定められている。しかし、それはいわば〈皇室典範〉

が適用される〈天皇家〉の内部の問題だ。われわれにとっては、そんなことよりも〈憲法第二条〉の規定に、もう一度しっかり注目することが大切なんだね。もう一度、ちゃんと読んでごらん。（151頁【資料12】参照）」

ヤークン　〈皇室典範の定めるところにより〉ということについては、いま話したから、あとは〈皇位は、世襲のものであって〉というところだよね。

「そうだね。で、〈世襲〉って、わかるよね？」

ミッちゃん　この『広辞苑』には、〈その家の地位・財産・職業などを嫡系の子孫が代々うけつぐこと〉って書いてある。でも、〈嫡系の子孫〉って？

「うん、それは、〈正式〉の結婚で生まれた子孫、という意味なんだね。〈嫡子《ちゃくし》〉とも言われる。だから、〈婚姻届〉をしていない両親の子どもは、〈嫡系〉ではないわけだ。」

ヤークン　なんで、この第二条が問題なの？

「それじゃ、同じ〈日本国憲法〉の第一四条を読んでみよう。〈第三章　国民の権利及び義務〉のなかの、第一四条だよ。」

ヤークン（読む）

第一四条［法の下の平等、貴族制度の否認、栄典の限界］すべて国民は、法の下に平等であって、人種、信条、性別、社会的身分又は門地により、政治的、経済的又は社会的関係において、差別されない。　【資料14】

「うん、あとにまだ第二項、第三項があるけれど、とりあえずそこまででいい。——さあ、この第一四条は、国民にとってとても大事なことを定めているよね。国民にとってだけじゃなくて、人間にとって、人間社会にとって、と言ってもいい。このなかで言われている〈門地《もんち》〉というのは、〈家柄《いえがら》〉のことだ。〈出自《しゅつじ》〉ともいわれる。その人の〈出身〉、〈生まれつき〉のことなんだね。この〈生まれつき〉だけは、人間が自分で選べないものなんだ。ヘアスタイルとか着るものとかは、自分で選べる。もちろん、お金がなければ自由には選べないし、職業や住居も、自分が本当に持ちたいものを持てるかどうかは難しい。けれども、可能な範囲では自分で選べることになっている。そこに、原則としては人間の主体性を発揮できる余地があるんだ。同じこの条文が例に挙げている〈信条〉がそうだね。思想・信条というものは、個人の主体性において持つものだ。でも、この家族に生まれてしまったということは、自分では選べないよね。自分の主体性とはまったく関係がない。この憲法第一四条が、〈人種〉や〈門地〉について言っているのは、そういう自分では選べないことがらによって人間が差別されてはならない、ということなんだね。これと、さっきの憲法第二条とを比較してみよう。（151頁【資料12】参照）」

ヤークン　〈世襲〉というのは、この第一四条に違反してるよね！

ミッちゃん　うん、天皇の地位は〈世襲〉だから、〈門地〉による差別と関係してるんだ！

「さっきの〈皇室典範〉のことも含めて考えると、いっそうはっきりするよね。天皇は、天皇の〈血筋〉、つまり〈門地〉によってしか天皇になれない。それも、正式に結婚している両親から生まれた〈嫡系〉でないと、だめなんだ。もちろん、さっき見たように〈男系の男子〉だから、憲法第一四条の〈性別〉による差別にも該当する。これについては、さっき話したよね。」

ヤークン　だけど、天皇って、〈国民〉じゃないんでしょ？　だから、憲法に縛られないいんじゃないの？

「うん、とても重要なことに気がついたね。そのとおりなんだ。天皇とその一家が、どんな差別的なところに身を置いて、どんな差別的な生きかたをしていようが、そんなことはわれわれには関係がない。おじいちゃんも、まったくそう思うよ。ところが、さっき考えた〈象徴〉のことを、思い起こしてみよう。われわれと関係がないどころじゃないんだね。」

ミッちゃん　そうか、天皇が〈鳩〉で、あたしたちは〈平和〉なんだ。あたしを知らない人は、天皇を見ると、あたしが見えちゃうんだ。

「そうだよね。天皇が〈象徴〉だということは、〈国民〉として生きるわれわれ自身の生きかたを、天皇が表わしている、ということなんだ。ひとりの人間としての自分ではどうにもできない〈門地〉に縛られた、〈世襲〉の、天皇という存在を、自分の生きかたの〈象徴〉として、〈日本国民〉は生きているんだよね。二つを合わせるとぴったり一致する片割れ同士としてね。」

ヤークン 途中だけど、ぼくたち、けさ家を出るとき、お母さんに、三時ごろには帰ると言ってきたんだ。もう三時を過ぎたよね。でも、もう少し話していきたいよね。

ミッちゃん うん、あたしも。……お母さんには電話で〈遅くなる〉って言っとけばいいんじゃない？

「じゃあ、きみたちが電話しているあいだに、おじいちゃんがおいしい紅茶をいれてこよう。」

Ⅵ　だれと、どのように生きたい？——「天皇制」について語り合おう！

1　福澤諭吉が考えた天皇制

「きみたち、福澤諭吉*って知ってるよね？」

ミッちゃん　〈天は人の上に人を造らず、人の下に人を造らず〉と言った人でしょう？

ヤーくん　人間はみな平等だ、という思想を、日本で最初に唱えた人だよね。『学問のすゝめ』*という本で。

ミッちゃん　だから、一万円札のキャラクター*になってるのよね。

「うん、きみたちもそう思ってるんだね。」

福澤諭吉
（一八三五〜一九〇一）
豊前・中津藩（現在の大分県中津市）の下級武士の子として生まれたが、初めに学んだ蘭学（オランダの学問）から逸早く英学に転じたことが幸いして、徳川幕藩体制の最末期に幕府が派遣した米国およびヨーロッパ諸国への使節団に随行するという稀有な機会を得た。明治政府に包摂されない在野の教育者・思想家として、その後の日本の進

ミッちゃん　えっ、じゃあ違うの？

「ほら、ここにその『学問のすゝめ』があるから、最初の〈初編〉の第一行目を読んでごらん。〈天は人の上に人を造らず人の下に人を造らずと言えり。〉と書いてあるよね。〈と言えり〉というのは、〈そう言われている〉という意味だ。きみたち自身があとでゆっくり自分で読んでみることにして、いまはとりあえず、そのあとに続けて書かれていることの意味を、おじいちゃんが簡単にまとめてみようか。

　天は人の上に人を造らず、人の下に人を造らず、と言われている。そうだとすれば、天が人を造るときには、だれもがみな平等で、生まれたときから貴賤や上下の差別がなく、万物の霊長としての力を発揮して、いろいろなものを発明しながら生活を営み、自由に、しかも他人の妨げをせずに、だれもが安楽にこの世を過ごしていけるようにさせる、というのが、天の意図なのだ——。こう、福澤諭吉は書いている。この〈天〉というのは、まあ、神

路に決定的に大きな影響を及ぼしたが、『学問のすゝめ』においてもしばしば強調されている国家の安定（西洋列強の支配下におちいらないための国力強化）を個人の自立よりも上位に置くかれの思想は、今後なお厳しい再検討・再評価に付されるべきだろう。

『学問のすゝめ』
『学問のすゝめ』は、岩波文庫版で容易に手にすることができる。啓蒙思想家だった福澤諭吉は、『学問のすゝめ』（一八七二～七六）を漢字・ひらがな文で、同時期のもう一つの主著『文明論之概略』（一八七五～七六）は漢字・カタカナ

様と考えてもいいし、自然と考えてもいいだろうね。福澤諭吉は、まずこう確認するわけだ。そしてそのあとに続けて、〈されども今広くこの人間世界を見渡すに〉と書くのだ。けれども、いまこの人間の世界を広く見渡してみると、〈かしこき人あり、おろかなる人あり、貧しきもあり、富めるもあり、貴人もあり、下人《げにん》もありて、その有様《ありさま》雲と泥との相違あるに似たるは何ぞや。〉——この意味はわかるよね。実際には人間にいろいろな差別がある、ということだね。そこで、福澤諭吉は、〈何ぞや〉、なぜなのだろうか、と問う。そして、〈その次第甚《はなは》だ明らかなり〉と答える。その理由はきわめて明瞭だ、と言うのだ。」

ミッちゃん　なぜ明瞭なの?

「現実に人間世界にある差別は、〈学ぶ〉か〈学ばない〉かによって生じるからだ、と福澤諭吉は考えるのだよ。〈されば賢人と愚人との別は、学ぶと学ばざるとに由《よ》って出来《いでく》るものなり〉と言っている。そして、学んだ人は難

文で印刷刊行した。その当時、〈ひらがな〉は初学者や一般庶民の文字であり、〈カタカナ〉は漢学（漢文を媒体とする中国式の学問）や国学（江戸時代に盛んとなった日本学）を修めた知識層の文字だった。自分が書くものについてきわめて自覚的だった福澤諭吉は、これから本格的に学び始めようとする読者を念頭に置いた『学問のすゝめ』では〈ひらがな〉を、西洋の学問に対して頑なに目を閉ざす漢学者・国学者への挑戦として書いた『文明論之概略』には、〈カタカナ〉を用いたのである。（ただし、『学問のすゝめ』の後版には〈カタカナ〉のものもある。）

しい仕事ができるから〈身分重き人〉と見なされるし、学ばない人は簡単な仕事しかできないから、〈身分軽き人〉となってしまう。貴賤貧富の差も、けっきょくこの〈学ぶ〉と〈学ばざる〉とから発しているのだ、というのが、『学問のすゝめ』での福澤諭吉の出発点なのだね。」

ヤーくん　え？　出発点って、じゃあ、結論は何なの？

「だから、人は、学んで、社会で差別されない立派な人にならなければいけない、ということなんだ。貧しい、賤《いや》しい人ではなく、富んだ、貴《とうと》い人に、ならなければならない、そして、そのためにはどういうことを考えながら学ぶべきかを論じたのが、全部で一七編まである『学問のすゝめ』という本なのだよ。」

ミッちゃん　貧しくても、社会的な地位が低くても、それから〈障害〉といわれるものを持っていても、そんなことで人間としての価値が決まるんじゃないんだ、だから差別はしてはいけないんだ——という意見じゃなかったの、福澤諭吉っ

一万円札のキャラクター
一万円札は一九五八年一二月に初めて発行され、その図案の人物は〈聖徳太子〉だった。一九八四年一一月に〈福澤諭吉〉をキャラクターとする新しい一万円札に切り替えられ、同時に五千円札は〈新渡戸稲造《にとべいなぞう》〉、千円札は〈夏目漱石〉となった。二〇年後の二〇〇四年一一月に紙幣のデザインが変わり、五千円札は〈樋口一葉〉、千円札は〈野口英世〉となったが、一万円札の福澤諭吉は継続された。樋口一葉が〈フェミニズム〉、野口英世が〈ボランティア〉という世相を反映していることは想像に難くない。その意味では、一万円札の福澤諭吉が日本という

て？

「いろいろな差別がある社会のなかで、どうしたら自分は差別される側にならないで生きていけるか？――これこそが、幕末時代に下級武士として生きて無念な思いをいっぱい味わった福澤諭吉にとって、大きな問題だったのだね。そういう差別を生む社会、差別がないと維持できない社会を、ではどうやって変えていくか？――という視点は、福澤諭吉にはなかった。そして、明治維新以後の日本社会の近現代の歴史は、この福澤諭吉の思想を実践するかたちで進んできたのだ。」

ヤーくん　天皇制もそうなの？

「うん、そうなんだね。おじいちゃんが福澤諭吉のことをここで言い出したのも、福澤諭吉の天皇制についての思想が、さっき言った一二〇年に及ぶ現代の天皇制と大きな関連を持っているからなんだよ。」

ヤーくん　福澤諭吉って、天皇制についても書いているの？


資本主義国家社会を代表しつづけていることに、あらためて注目すべきだろう。

「天皇制を直接のテーマにして論じたものだけでも、それぞれ一冊の薄い本になるくらいの長い論文が二つあるんだよ。一冊目は、『帝室論』という題名のものだ。一八八二年の春に『時事新報』という福澤諭吉が中心になって発行されていた日刊新聞に連載されて、そのあとすぐ本になった。二冊目は、『尊王論』。これは、それから六年後の一八八八年の秋に、同じ『時事新報』に連載されたあと、これもすぐに単行本として出版された。*」

ミッちゃん 〈皇室〉じゃなくて〈帝室〉なのね。でも、これって、いまの皇室と同じこと?

「もちろん、二冊とも〈大日本帝国憲法〉が公布された一八八九年より前に書かれたものだから、その憲法が定めた天皇や、その憲法と同時に制定された〈皇室典範〉の天皇と皇室に関する条文は、福澤諭吉の〈帝室論〉の前提になっていない。けれども、かれが言う〈帝室〉は、いまで言う〈皇室〉のことだと考えていいのだよ。〈尊王〉というのも、幕末の歴史やドラマに出

『帝室論』と『尊王論』は、一九一一年二月三日、福澤諭吉の没後一〇年を機に、福澤諭吉が創立した時事新報社から一冊にまとめて刊行された。それに付された〈時事新報社〉名の序言は、〈我国近時の世態はますます帝室の尊厳神聖を維持する所以《ゆえん》の道を明《あきらか》にするの急要適切なるを認め〉、ここに両篇を合わせて刊行する、と述べている。つまり、〈わが国の最近の世相は、なぜ帝室の尊厳と神聖を維持しなければならないのかという理由を明らかにすることが、ますます急務であり適切であるような状態になっている、ということを認識して〉これをあらためて刊行する、というのである。こ

てくる〈尊皇〉という言葉と同じに考えればいい。ただ、福澤諭吉を弁護してコメントを加えておくなら、かれが〈皇室〉や〈尊皇〉ではなく〈帝室〉や〈尊王〉という言いかたをしたのは、天皇や皇室を、外国にもあるような〈国王・皇帝〉や〈王室〉とまったく別の神様のようには扱いたくない、という気持ちがあったからだろうね。」

ヤーくん　で、その二冊の本で福澤諭吉はどんなことを言ってるの？

「まず、一冊目の『帝室論』では、〈帝室は政治社外のものなり〉という有名な言葉で、語りはじめるんだ。〈社外〉の〈社〉というのは、〈会社〉とか〈社会〉とかの〈社〉だよね。人間が集まっていっしょに活動する場や組織のことだ。だから、これは、〈帝室は、政治の場や政治組織の外にいなければいけない〉という意味なのだね。天皇や皇族は政治権力を持ってはいけないし、政治にたずさわる政治家や政党は、天皇や皇族と手を結んだり、天皇や皇族を利用したりしてはいけない——ということなんだ。」

の〈我国近時の世態〉というのが、そのころ日本社会に大きな衝撃を与えていた〈大逆事件〉を意味することは、疑問の余地がない。このような〈事件〉が起こらないようにするためには、福澤諭吉の二つの天皇制論があらためて読まれなければならない、と福澤諭吉の弟子たちは考えたのである。さらに、この二篇は、一九三〇年八月に、〈時事新報社創立五〇年〉の記念出版として一冊にまとめて刊行されたが、その序文〈記念出版の趣旨〉には、こう記されている——〈思うに福澤先生の『帝室論』(明治一五年)と『尊王論』(明治二一年)の二篇は、既に四〇余年前の著述であるけれども、

ヤーくん　じゃあ、明治憲法が〈大日本帝国は万世一系の天皇之《これ》を統治す〉と言ってるのと、大きな違いだね。正反対だ。

「おっ、ヤーくんは明治憲法の第一条を憶えたね。――そうなんだよ。福澤諭吉は、一〇年後に国会が開設されることが決まり、憲法も近く制定されるという見通しになるなかで、この〈帝室論〉を書いた。そこに書かれていることは、ほとんどすべて、七年後の一八八九年に制定されることになる〈大日本帝国憲法〉とは、まったく違う天皇制論なんだね。むしろ、戦後の新憲法、つまり現在の〈日本国憲法〉の天皇制に近い、とも言えるんだよ。」

ミッちゃん　じゃあ、〈象徴天皇〉なの?

「そのとおりだ。福澤諭吉は、さっき言った〈帝室は政治社外のものなり〉という一節のあとで、ではいったい帝室は何のためにあるのか、どういう役割を果すべきなのか、という問いを立てて、こういうことを書くんだよ。――まず一つには、〈わが帝室は日本人民の精神を収攬するの中心なり〉ということ。〈収攬《しゅうらん》〉とい

今日尚《な》お現然たる経世の名著であって、往年有名なる幸徳秋水事件の当時の如き、之《これ》を復版して我《わ》が読書界を風靡《ふうび》した程の遺書中の名論であります。〉

うのは、人の心などを自分のほうに集めてつかむことだ。つまり、これは現在の憲法の第一条、〈天皇は日本国民統合の象徴〉というのとも通じるよね。そして、帝室が人民の精神を収攬する存在であることの一例として、福澤諭吉はとてもおもしろい例を挙げて論じるんだ。天皇がどこかへ行く途中で、たまたま重罪人が処刑場へ連れて行かれるところを目にして、侍従から事情を聞き、同情の念を催して、〈あのものの命《いのち》だけを赦《ゆる》してつかわせ〉と言えば、〈法官も特別にこれを赦すことならん〉――つまり、裁判官も特別にその罪人の死刑を取り消すだろう、というのだ。そのうえ、このことを新聞で報道して、世間の人がこれを知ったら、どう言うだろうか。我輩《わがはい》がこんにちの国民感情を推測するところでは、大多数の人がその罪人を〈まれに見るしあわせものだ〉と言うに違いない――。福澤諭吉はこう言っているのだよ。」

ヤーくん　法治国家じゃないわけ？

「どうして福澤諭吉がこんな例を挙げたかというと、それくらい天皇というものは人びとの心をつかんでいるのだ、日本人民の精神を収攬する中心になっているのだ、と言いたいからなのだね。だから、天皇が言ったりしたりすることに、日本人民は反対するはずがない、というのだ。〈人民〉というのは、当時は政府や官庁も民衆のことをそう呼んでいたのだよ。」

ミッちゃん　いまでも、あたしの友だちのなかにも、天皇・皇后とか皇族のことを話すとき、敬語を使う人もいる。会ったこともないのに、尊敬しているって言ったり、好きだって言う人さえいるわ。これって、精神を〈収攬〉されてるのかもね。

「そういう友だちのことを考える前に、もう少し『帝室論』に書かれていることを見てみよう。福澤諭吉は、そのように日本人民の精神を収攬する中心である帝室は、具体的にどのような役割を果たすべきか、ということを、いくつも具体的な例を挙げて述べていくんだ。たとえば、対立する政治勢力が争って、国が戦乱状態になるのを、帝室が仲に入って和解させる、ということが挙げられる。また、武力を持っている軍人が勝手に武力を行使したり、ある特定の政治勢力と結びついたりするのを防ぐためにも、帝室の〈人心収攬の中心〉という力は不可欠なのだ、と福澤諭吉は言う。

しかし、おじいちゃんがそれ以上に重要だと思うのは、帝室のいわば文化的な役割を、福澤諭吉がきわめて重視していることなんだ。そのことを、おじいちゃんが福澤諭吉になりかわって、要約して述べると、こういうことになる——

近く国会が開かれて、日本は〈国会議員の政府〉になるけれど、その政府は〈道理の府〉であるから、理屈や理論で筋を通さなければならない。そうすると、理論では片付かない感情面のことは、政府ではどうしようもない。政府には、〈情を尽《つく》す〉ということはできない。〈この人情の世界を支配して道徳の風儀を維持する〉ということができるのは、ただ帝室だけなのだ。また、人の心をつかんで働き甲斐があるようにするには、〈勧懲賞罰〉、つまり褒《ほ》めて賞を与えたり、罰して懲らしめたりすることが大切だが、〈国会の政府〉がこれを適切に行なうことは容易ではない。だから賞罰ということは政府の外部で行なう必要がある。しかも、西洋の歴史を見ると、王家は〈栄誉の源泉〉であって、〈汚辱の源泉〉では断じてない。それゆえ、王家は懲罰ではなく〈勧賞〉を行なうものとされている。帝王と国民とが接するときの〈厚情〉が西洋などよりも厚い〈わが日本〉では、ますます、帝室が〈勧賞〉を行なうことが重要なのだ。——勧賞というのは、賞を与えて励ますという意味だよ。」

ヤーくん　いまでも、春と秋の〈叙勲〉って、天皇がやってるよね。

「そうだね。現在の憲法の第七条で定められている〈天皇の国事行為〉の七項目めに、〈栄典の授与〉ということがあるのだね。〈国事行為〉というのは、〈内閣の助言と承認〉によって天皇が行なう公務のことで、その一つに、栄典、つまり勲章を与える〈叙勲〉といわれる仕事があるわけだ。だから、これも福澤諭吉が考えた帝室の役割の一つだと言えるね。――あ、そうそう、福澤諭吉が天皇の役割として例に挙げた、あの、罪人の刑を軽くしたり赦したりすること、これは〈恩赦〉といわれるのだが、午前中に話した〈大逆事件〉のときに、死刑判決を下された二四人のうち一二人を無期懲役に減刑したのが、天皇の〈恩赦〉だったのだね。しかも、その〈恩赦〉は、明治憲法の時代だけのことではなくて、現在の憲法でも、天皇の〈国事行為〉の一つになっているんだよ。」

ミッちゃん　福澤諭吉って、いろんなことを予言してたのね。

「そうだね。少なくとも、日本の進路が、福澤諭吉の考えていた道をたどってきたことは、事実なのだね。――で、〈叙勲〉と同じように、いまも天皇や皇族が果たしている文化的な役割で、福澤諭吉が挙げているものに、〈学術技芸の奨励〉ということがあるんだ。これは〈叙勲〉ということとも関係するが、〈文化勲章〉というのがあるよね。これを天皇が授与するということは、天皇一家が文化の奨励者だということになる。福澤諭吉は、とくに日本の伝統的な文化の保護と奨励を、帝室の重要な役割として強調している。なかでも、いまどうしても必要だとは考えられないような、むしろ不要だと考えられて冷遇されるような芸術や技術の保護奨励には、ただ帝室だけが望みだ、とまで言っているのだよ。この説は、六年後の『尊王論』でも、さらにくわしく論じられることになるんだ。」

ミッちゃん　でも、天皇や皇室が、日本文化の中心というか、日本文化そのものというような感じって、すごくわかるような気がする。

ヤーくん　そうだね。天皇家といえば〈日本の伝統文化〉みたいな感じって、わりと一般的だよね。

「そうなんだ。だから、福澤諭吉のこの天皇制論は、とても重要なんだね。天皇制の文化面での役割で、福澤諭吉がまだ重視していなかったのは、スポーツとの関わりくらいなものかな。きみたちも、スポーツが天皇制と密接に関係を持っていることは、わかるよね。国体、つまり国民体育大会とか、大相撲とか、さまざまなスポーツに天皇や皇族が登場するね。これも、〈精神の収攬〉の一つの重要なありかたなんだね。だって、スポーツというのは、いまでは、〈参加することに意義がある〉のではなくて、日本が勝つことに意義があることになっているから、〈日本国民〉が心を一つにして日本選手を応援することが、〈愛国心〉や〈国民の一致団結〉にとって、とても大事なんだからね。」

ヤーくん　気が付かなかった。ぼく、さっき、陸上の短距離なんかでは、記録がよければ部長に干渉されたりしない、と言ったけど、スポーツにそういう問題があることは、考えたことがなかったんだ。

「そう、記録がよければ問題ないだろう、というだけでは、その記録を出すことで〈精神の収攬〉に貢献している、という問題はなくならないわけだね。それに、勝つことに意義がある、というようになってきている、というのは、ひとりのスポーツマンとして――近ごろは、ひとりのアスリートとしてと言うのかな、要するにひとりの選手として勝つことではないんだね。〈日の丸〉を背負った〈日本国民〉として勝つことに、意義があるわけだ。ほら、このまえのオリンピックで、現地へ行くときズボンを下にずらしていたというので、すごいバッシングを受けた選手がいたよね。」

ヤーくん　うん。ぼくもあのとき、その種目の競技で成績がよければ、服装なんか個人の自由じゃないか、関係ないよ、って思ったんだ。でも、もしもあの選手が、〈勝てば文句ないんだろう?〉って思ってたとしたら、やっぱり問題があるわけなんだね。自分が果たさせられている役割に、気が付いていないわけだもんね。

ミッちゃん　福澤諭吉が重要だと考えた天皇制の文化的な役割って、さっきの〈一木一草〉のことと関係しているのよね。芸術は天皇制によって保護されたり奨励されたりしている限り、芸術としての力を失う。天皇制から脱却しようと努力して苦しむときにだけ、見えない天皇制を見えるように描く芸術としての力を持つことができるんだ、って。もしかしたら、スポーツでも同じなのかなあ。

「うん、そうなんだね。福澤諭吉の天皇制論を評価するときは、そのことを度外視できないんだ。逆の言いかたをすると、福澤諭吉の天皇制論というのは、天皇制から脱却しようとする努力を、なんとかして堰《せ》き止めるにはどうしたらよいか――、日本という国家社会に波風が立たないようにするためには、天皇制の何を重視しながら天皇制を運用しなければならないか――ということを考えるための理論なのだね。だから、日本に、外国のような民衆の叛乱や革命が起こらなかったのは、福澤諭吉の天皇制論が実現されたからだ、と言えるかもしれない。」

ミッちゃん　やっぱり、一万円札になる理由があるわけよね。

ヤーくん　うん。でも、その福澤諭吉の天皇制論がなぜ実現されたのか、という理由について、もっともっと考えてみる必要があるよね。

2　統合と排除——天皇と天皇制が持つ二つの力

「福澤諭吉は、帝室と天皇が〈人心収攬の中心〉となる力を持っている、ということを見抜いた。〈日本人民の精神を収攬するの中心〉という言いかたもしていたよね。しかも、この力は、天皇が政治権力を持ったときの力ではない。〈政治社外〉にあるとき、つまり政治権力を持たないときの力なのだ。福澤諭吉の考えからすると、明治憲法の下《もと》で、天皇が唯一の統治者、ただ一人の主権者だったときよりも、現在の憲法の定める〈象徴〉であるときのほうが、〈人心収攬の中心〉という力と役割は、いっそう大きく発揮できるわけだね。福澤諭吉の天皇制論でいちばん重要なのは、この〈象徴天皇〉を先取りしていることだ。そこで、さっきいっしょに考えた〈象徴〉と〈国民〉の関係を、あらためて別の面から考えてみようと思うんだ。」

ミッちゃん　別の面って?

「うん、福澤諭吉がいう〈人心収攬の中心〉、〈日本人民の精神を収攬するの中心〉としての〈象徴天皇〉と、〈収攬〉される〈日本人民の精神〉との関係は、具体的にどんなものなのか？――という面から、考えてみるということなんだ。」

ヤーくん それって、ずいぶん難しそうだね。

「易《やさ》しくはない。でも、これを考えないと、〈日本人民の精神〉の当事者であるわれわれ自身の姿が見えてこないのだね。たとえば、ヤーくんたちは、大学で、授業を担当している教員のことを、なんて呼ぶ？」

ヤーくん 〈なになに先生〉って呼ぶ学生が多いけど、教員と直接話すときでも〈なになにさん〉と呼ぶ学生もいるよ。ぼくも、相手の教員によって使い分けているのかな。

「べつに、どういう呼びかたをしなければいけない、と決まっているわけじゃないよね？」

ヤーくん もちろんだよ！

「古い話だけど、一九世紀末から二〇世紀の前半にかけて活動したドイツの劇作家に、ゲールハルト・ハウプトマン*という人がいたんだ。ノーベル文学賞も受けた人で、ナチス時代にはナチスに抵抗しなかったけれど、すでにそれ以前の時代に、文学史の上では忘れられない仕事を残しているんだよ。そのハウプトマンが、どこかの大学から〈名誉博士号〉を受けたんだね。すると、その連れ合い、つまり〈奥さま〉だね、その女性が、自分のことを呼ばれるとき、だれにでも〈博士夫人〉と呼んでもらわないと、きわめてご機嫌が悪かった――という有名なエピソードがあるんだよ。なぜこんな話をしたかというと、ある人にどういう敬称で呼びかけるか、あるいは敬称を使うか使わないかは、その人と自分との具体的な関係によって変わってくるよね。その関係というのは、その人と自分とが、つくっていくものだ。だから、初めは〈なになにさん〉と呼んでいても、親しくなれば呼び捨てにすることもある。さっきの話でいえば、相手をどう呼ぶかは、〈門地〉のように自分で

ゲールハルト・ハウプトマン
（一八六二〜一九四六）
ドイツの劇作家・小説家。一九世紀末の「自然主義」と呼ばれる文化思潮のドイツにおける代表者で、その時期の戯曲『織工たち』（一八九二）は大きな社会的反響を呼んだ。一九一二年にノーベル文学賞を受賞。ロマン主義的・幻想的な主題や、歴史的な素材など、さまざまな傾向にわたる作品を長期にわたって制作しつづけたが、ドイツの敗戦の翌年、ナチス時代の体制順応的な姿勢が批判を浴びるなかで、八四年の生涯を閉じた。

はどうにもならないものではなくて、おたがいの主体性と関係によって選べるものだ。〈博士夫人〉と呼ぶか、〈マルガレーテさん〉と呼ぶかは、関係のなかで変わってくるはずなんだね。ところが、ほら、この〈皇室典範〉の第二三条を読んでごらん。」

ミッちゃん（読む）

第二三条［敬称］天皇、皇后、太皇太后及び皇太后の敬称は、陛下とする。

②前項の皇族以外の皇族の敬称は、殿下とする。　【資料15】

ヤーくん　そうなのか！　だから〈天皇陛下〉で〈皇太子殿下〉なんだ！

「つまり、それ以外の呼びかたをしてはいけないんだね。たとえば〈天皇殿下〉とか、〈皇太子妃陛下〉とは、言えないんだ。それよりも、おじいちゃんが重要だと思うのは、〈陛下〉と呼ばれる存在は、この国家社会に、最大でも四人しかいないということなんだよ。いまは二人しかいないよね。これこそは、この〈陛下〉という敬称こそは、日本語のなかで一番の差別的な言葉だ、ということなんだ。もう少し正確に言うと、この最大限四人にしか使えない最大限の差別語が、憲法とセットになった〈皇室典範〉によって定められている国家社会に、〈日本国民〉は生きている、ということなんだね。」

ヤーくん　でも、象徴だからしかたないんじゃないの、という意見もありうるよね。

「そのとおりだね。象徴は〈国民〉とは違う、ということだよね。そのとおりなんだ。ところが、〈象徴〉というのは〈国民〉とセットでしか意味がないことは、さっき見てきたよね。だとすれば、〈陛下〉という敬称が〈皇室典範〉というもので決まっている〈象徴〉は、〈国民〉の姿をこの敬称によっても表わしているわけだね。」

ミッちゃん　おじいちゃん、なにが言いたいの？

「うん。まず、〈陛下〉という単語の、本来の意味を考えてみよう。辞書にも載っているとおり、〈陛〉という字は、〈階〉と同じように〈階段〉という意味なんだね。天皇に何かを伝えようとすると、天皇の宮殿に昇る階段の下にいる近臣、つまり天皇の身近で仕えている臣下に用件を伝えて、取り次いでもらわなければならなかったのだ。特別に許されて天皇のそばまで行くことができる人もあったが、たいていは階段の下までしか行くことが許されずに、近臣が取り次ぐだけだった。それが、〈陛下〉という敬称のもともとの意味であるわけだ。いまではもちろん、こんなことはない。しかし、さっきも話した〈叙勲〉のことを見てみよう。現在の憲法の第七条で、天皇の〈国事行為〉の一つとされている〈栄典の授与〉、つまり〈叙勲〉では、与えられる〈栄典〉に序列があるのだね。今度そういうときに新聞を見ればわかるけれど、〈勲一等〉とか〈従《じゅ》三位〉とか、さまざまな階級が付けられている。

　天皇にどこまで近づけるか、階段の下までか、御殿のなかまでか、ということで社会的地位が決まるようなことは、もちろんいまはない。しかし、天皇が栄典を授与するかたちを維持している現在の制度でも、人間の位階が叙勲によって決められるのだね。正確に言うと、〈日本人民の精神〉が、そういうかたちでも〈収攬〉されるということだ。だから、天皇に〈勲六等〉と評価してもらった自分のほうが、〈勲八等〉のあいつより偉いんだ、と思ってしまう。それどころか、あいつより自分のほうが天皇に近いんだ、と思ってしまうんだね。あいつは階段の下までだけど、おれは四段目まで行けるんだ、とかね。こういう具合に、なんとなく天皇が〈国民〉の価値や序列まで決める存在だというような印象があるから、天皇となんとなく近いほうが、人間として立派なんだ、という意識が、いわば無意識のうちに生まれてしまう。だから、よそよそしく突き放したように〈天皇〉と言うのではなくて、親しみを込めて〈天皇陛下〉と言う人が、いっぱいいるよね。」

ヤーくん　それがほとんどだよ。

「その人たちは、福澤諭吉が言うように、天皇や皇族に精神を収攬されているわけだが、それを苦痛だとも自分の人間性に対する侮辱だとも感じていない。それどころか、天皇を〈陛下〉と呼ばないような人は〈日本国民〉の資格がない、と思ってしまいがちなのだね、無意識のうちに。ところが、その場合、その〈日本国民〉というイメージは、福澤諭吉が強調したような天皇家の文化的な役割、伝統的な〈日本文化〉を代表し保護・奨励しているという役割にあてはめて、思い描かれる。つまり、天皇制を尊重しない人は〈日本文化〉を大切にしない人だ、或はその文化を育んできた〈日本の歴史〉を大切にしない人だ、と思ってしまいがちなのだね。その日本の文化のありかたや歴史を批判する人は、日本国民ではない、とさえ考えてしまう。それだけじゃなくて、日本という国家社会に暮らしていながら、多少なりとも日本文化ではない文化を営んでいる人たちに対して、〈日本国民〉の目や心は、とても冷たい。キムチや焼肉は大好きでも、チマ・チョゴリ*や民族学校の生徒たちには、残酷だよね。*」

チマ・チョゴリ
朝鮮の民族衣裳。〈チマ〉は胸からくるぶしまでのスカートに似た女性の衣装。〈チョゴリ〉は丈《たけ》の短かい上着で男女ともに用いる。

少数民族の権利
かつての〈ヴァイマル憲法〉は、学校教育における少数民族の民族語の権利を保障していた。この憲法を模範の一つとしてつくられた現行の〈日本国憲法〉は、第二六条で、〈すべての国民〉の〈教育を受ける権利、教育を受けさせる義務、義務教育の無償〉を定めているが、教育に限らず、すべての基本的人権について、国内少数民族の具体的な権利についての言及はない。

ヤーくん　憲法の言葉を使えば、天皇という〈象徴〉によって〈統合〉されると、それによって統合されない人たちを排除する、ということなんだね。

「うん。排除する、と言うより、排除してしまう、と言うほうが正確かもしれないね。ここで考えてみたいのは、憲法に記されている〈日本国民統合の象徴〉という天皇の役割は、その半面で、社会のなかに排除を生むものなのだ、ということだね。」

ミッちゃん　それから、排除とまでは行かなくても、自分で自分のことに誇りを持ったり、友だち同士で心を込めて評価し合ったりするのじゃなくて、天皇が授けてくれるというかたちをとった叙勲なんかで、人間の価値が決まって、軽蔑したりペコペコしたりする社会も、〈象徴〉という天皇の役割によって生まれるわけね。

「それが、とても大きな問題なんだと、おじいちゃんも思うよ。——もう、外が暗くなり始めたね。どうしてもいま話し合っておきたいことがあれば、それを考えて、きょうのところは、そろそろ終わりにしようか。」

3　天皇と天皇制の将来を決めるのは、わたし（たち）

ミッちゃん　きょうは、すっごくいっぱい考えたけど、やっぱりあたし、天皇ってなにか、天皇制ってなにか、よくわからない。

ヤーくん　うん、ぼくもだ。おじいちゃんもいろいろ話してくれたけれど、きっと、天皇や天皇制の好きな人たちは、〈でも、天皇や天皇制には、こんなすばらしいところがある！〉って、反論してくると思うよ。

「そのとおりだ。天皇制という社会制度は、ちょうど〈モグラたたき〉みたいに、こちらに注目してそれを問題にすると、あちらでモグラが顔を出してアカンベエをするのだね。

でも、おじいちゃんは、それでいい、と思っているんだ。むしろ、それが大事なんだ。それでも考えることが、大切なんだよ。天皇と天皇制について考えるということは、この〈日本〉という国家社会では、自分がだれと、どのように生きたいのかを、考えることなんだからね。」

ミッちゃん　それって、どういう意味？

「さっきヤーくんが、特攻隊の若者は〈天皇陛下万歳〉と叫んで死んでいった、と言ったよね。つまり天皇のために死んでいったんだね。——この、〈だれかのために死ぬ〉という生きかたを、おじいちゃんは、まず、やめたい。自分のいちばん大切な人のためでも、〈その人のために死ぬのだ〉ということは、やめたい。〈わたしのために死んでくれたのだ〉と思えば、その大切な人は、そのあと、しあわせに生きられるのだろうか？　それよりも、ほんとうにおたがいに大切だと思っているのなら、どんなことをしてでも、いっしょに生きたいのではないだろうか。生きのびて恥をさらすより、死んだほうがましだ、と思ってしまうことが、あの坂口安吾が〈堕落論〉で批判した天皇制の働きなんだよね。

それから、もう一つのことを、おじいちゃんは忘れないようにしたいんだ。その特攻隊でも、それ以外の兵士でもいい。その兵士たちを、戦場に送り出した人たちがいるわけだよね。日の丸の旗を振って兵士を送り出している映像を見たと、さっき言っていたよね。その人たち、とくに、その人たちを愛していた妻や母や恋人がいた。その女性たちは、もちろん、〈わたしの大切な人を連れて行くのなら、まずこのわたしを殺してからにしろ！〉と言って、憲兵の軍刀や銃剣のまえに身を投げ出したりは、しなかった。ほんの一握りの例外はあったにせよ、大多数の女性たちは、ほんとうは泣いただろうけれど、そういう抵抗はしなかった。笑顔で、送り出すことになっていた。つまり、これは、天皇の戦争に天皇の命令で出て行くその大切な人との関係よりも、天皇との関係のほうが、大切だった――ということだよね。言葉を交わしたこともなく、じかに見たことさえもほとんどないような、その天皇との関係のほうが、自分よりももっと自分が愛している人との関係よりも、大切だったのだ、日本の女性たちにとっては。――もちろん、おじいちゃんは、わざわざこういう言いかたをしているんだよ。それは、女性たちの責任ではないのだから。女性たちとそういう関係しか築くことができなかった日本の男性たちの責任なんだから。だって、女性には選挙権さえなかったのだし、男性が、ちょうど天皇制そのものと同じように、もっぱら社会的な権力を持っていたのだからね。国家においても、〈家〉においてもね。だから、女性は、自分の愛する人を天皇に奪い去られても、堂々と泣くこともできなかった。そういう関係が、あったということを、天皇と天皇制を考えるとき、忘れてはならないと思うんだね。」

ミッちゃん　あたしなら、そんなこと、ゆるせない！

「しかも、日本の天皇制が、女性たちから愛する人たちを奪い去ったのは、日本人女性に対してだけではなかったのだよ。あの〈大逆事件〉が起こった一九一〇年は、また、〈韓国併合〉の年でもあったんだ。その年の八月二九日に、当時の明治天皇は、〈韓国併合の詔書〉という〈おことば〉を発して、韓国における〈公共の安寧を維持し民衆の福利を増進せんがために〉、〈永久に韓国を帝国に併合することとなせり〉と宣言したのだ。〈帝国〉というのは、もちろん〈日本〉のことだよね。そして、この併合の結果、〈大東亜戦争〉に勝利するために、一九三九年から四五年の日本敗戦までの間だけでも、合計七五万人を超える朝鮮半島の人びとが、強制連行その他によって、日本の本国や、日本の植民地だった南樺太《からふと》、つまりサハリンの南半分に送られて働かされたり、従軍慰安婦として使い棄てられたりした。愛する男性を奪われただけでなく、女性自身もその人生を踏みにじられた。すべて、天皇の名によってだ。さっき、〈統合〉と〈排除〉のことを話したけれど、統合されて、精神を収攬されて、一致団結していた日本人は、〈排除〉とさえ意識せずに、朝鮮半島の人たちを使い棄てたのだね。＊

もちろん、いまは、天皇のための戦争で愛する人を天皇に奪い去られる、

一九三八年五月に施行された〈国家総動員法〉と、それに基づいて三九年七月（朝鮮・台湾などの植民地では一〇月）から施行された〈国民徴用令〉（勅令）が、〈鮮人内地移入〉の法的根拠だった。（〈内地〉とは、植民地などの〈外地〉に対して日本本国を指す語、〈鮮人〉とは朝鮮人に対する蔑称だった。）この〈移入〉は、まず「募集」という形で始まり、対米英開戦後の一九四二年二月、〈朝鮮人労務者活用に関する方策〉の閣議決定と、それに基づく〈鮮人内地移入斡旋《あっせん》要綱〉の施行による〈官斡旋〉方式への移行で、国家的な強制連行として実施された。行政単位に強制的に人数を割り当てるなどし

などということは、考えられないよね。でも、たとえば何かを決めるとき、自分にとって大切な人や、大切な友人たちとじっくり話し合って決めるのではなくて、こういう決まりになっているからとか、こういうことをするとみんなから白い目で見られるかもしれないからとか、そういうことを基準にして、決めることがないだろうか？　さっきから何度も考えてきたように、天皇制は、そういう決めかたのなかにも、あるのだよね。しみこんでいるのだよね。たとえば、あの坂口安吾が『堕落論』で批判したように、〈もう戦争はいやだ〉、〈もう戦争をやめよう〉——と自分たちで決めるのじゃなくて、天皇がそれを決めてくれるのを待っていることしかできなかったのも、そのひとつだ。

だから、自分の生きかたは自分で決める、ということに、こだわりたいと思うんだ。もちろん、自分ひとりでは決められない。でも、いっしょに考える人が一人でもいれば、それができる。すぐにできなくても、できるように

て、本人の意思とはまったく無関係に拉致《らち》したのである。〈内地〉に連行された人びとの約半数、樺太に送られた四万人以上の人びとの大部分は、もっとも過酷で危険な現場である炭鉱での強制労働に従事させられ、事故や拷問などによって多数の朝鮮人が生命を落とした。あらためて言うまでもなく、現在の在日韓国人・朝鮮人の多くは、こうして日本本国に拉致されてきた人びとの後裔たちである。

なるための知恵が、いっしょに絞《しぼ》れるんだね。」

ヤーくん　でも、それを考えるためには、自分がどう生きたいのか、だれと生きたいのか、しっかり考えなくてはいけないんじゃないかな?

「そのとおりなんだ。だれと、どう生きたいのか——これを自分で、自分たちで、しっかり考えるということが、おじいちゃんは〈基本的人権〉ということの具体的な意味だと思うんだね。そして、これを考えるということは、〈天皇制からの脱却のために苦しむ〉ということでもあるのじゃないだろうか。」

ミッちゃん　うん、わかる。でも、おじいちゃんとあたしたちは、やっぱり同じじゃないのよね。おじいちゃんは、戦争に行ったことはなくても、それでもこれまでにいろいろ、天皇や天皇制について考えてきたのよね。考えざるを得なかったわけ。でも、あたしなんか、ほんとうにきょう初めて、〈天皇制〉という言葉も憶えたんだものね。だから、あたしたちは、もしかすると、これから考えていくなかで、おじいちゃんとは意見がシビアーに対立することになるかもしれない。それでも

おじいちゃんの〈おすすめ本〉

強制連行と朝鮮人従軍慰安婦の一端を知るためにも、ぜひつぎの二つの小説を読んでほしい。

① 帚木蓬生《ははきぎほうせい》『三たびの海峡』（一九九二年、新潮社）。のちに新潮文庫にも収められた。また、一九九五年に映画化もされている。

② 田村泰次郎『春婦伝』（一九四七年五月、銀座出版社）。のちに角川文庫、ちくま文庫などにも収められたが、現在では図書館か古本屋さんで探さなければならない。

いいわよね?

ヤーくん　ぼくもいま、それと同じようなことを言おうと思ってたんだ。

「それが大事なんだ。きみたちがおじいちゃんと同じ考えだなんていうのは、おかしいんだよね。天皇や天皇制については、だれかがこう言っているからそれに従う、などということは、ありえないんだね。自分で考えるしかない。自分たちで語り合うしかない。だから、天皇制はすばらしい、と考えている人たちとも、語り合うことが大切なんだ。それをしないで、なんとなくだれかに調子を合わせているというのが、あの〈精神の収攬〉につながっていくんだね。だれと、どう生きたいのか――これを考えること、それを自分で、自分たちで考えること、それは、とくにこの日本という国家社会では、いちばん大切な基本的人権なのだということを、もう一度、おじいちゃんは言いたかったのだ。その基本的人権を、一人ひとりが行使することが、天皇制の将来を決めるんだよね。」

ミッちゃん　うん、それは憶えておくわ。

ヤーくん　こんど来るときは、〈天皇制はこんなにすばらしいんだ〉ということを証明して見せて、おじいちゃんをギャフンと言わせるからね！

「うん、楽しみにしているよ。お母さんによろしくね。」

あとがき

「子どもたちと話す」シリーズに何か一冊書いてみないか？——現代企画室の太田昌国さんから誘いを受けたとき、わたしは即座に、「天皇制についてなら」と答えてしまったのである。数秒後に後悔したときは、もう手遅れだった。だらしないことに、その後悔を口に出す勇気ももうなくなって、そのまま地獄への道を歩みはじめるしかなかった。そしていま、地獄にたどりついた結果が、この一冊の小さな本としてここにある。

これまでに何百人何千人という「天皇制研究」の「専門家」たちが果たせなかったことを、この小さな一冊が果たし得ているとしたら、それこそ地獄の閻魔さまが大笑いをするだろう。おそらく、というより確実に、この一冊によっても「天皇制」は依然として解明されぬままであり、地獄はその全貌を明らかにしないまま、人間を血の池や火の海のなかに呑み込んでしまうのだ。——とはいえ、三年以上にわたるこの地獄への道は、苦しみや不快さだけをもたらしたわけではなかった。

書いてみようと決意したとき、三人の登場人物は、これまた即座に、わたしの胸のなかに姿をあらわした。孫たちの名前が、「ミッちゃん」と「ヤーくん」であることも、そのときから確定した「事実」だった。「おじいちゃん」にとって、この孫たちを、それ以外の名前で呼ぶことなど考えられない。そして、孫たちにとってもまた、「おじいちゃん」からそれ以外の名前で呼ばれることなど、考えられない。そういう関係が、この愛称には込められている。気付いてくださった読者もあるかもしれないが、二人の孫たちと祖父とのあいだには、男性の家族はいない。もちろん、この人物たちにモデルがあるわけではない。この二人の若者とかれらの祖父という「まったく架空の人物」たちは、それ以来、わたしの肉親もしくは家族の一員たちだった。わたし自身は、「書き手」であると同時に「おじいちゃん」でもあった。書き手としてのわたしが卓越した劇作家であったなら、三人の人物たちと、そしてかれらが語り合う主題としての「天皇」や「天皇一家」の人物たちも、もっと生きいきとした相貌を獲得し得たことだろう。自分の非力を恥じるしかないが、それでも、三人の人物たちの会話に立ち会い、ひそかにその会話に加わることは、わたしにとって楽しいことだった。

なぜなら、「天皇制」については、あらゆる機会ときっかけを生かして語りあい討論しあうことが、なによりも大切だと、わたしは考えるからである。天皇一族も天皇制度も、「あたかも空気のような存在」などでは決してない。それを、空気のように呼吸している「わたし（たち）」が、じつは、この一族とこの制度の存続の土壌であり、養分なのだ。けっしてその逆ではない。ところが、この一族を「敬愛」していると自認し、この制度を「大切」なものと考え、あるいはそう信じている人びとにとっては、この空気がなければそもそも人間は生きていけないのである。奇妙なことに、天皇のほうが養分なのだ。

本当にそうなのか？——という問いかけや、それに対する答えを、性急に試みることは、この本の意図ではない。わたし自身は、もちろん、天皇制については自分なりの考えと意見を持っているが、それと同じような考えと意見を持つ人たちだけに、この本を読んでもらいたいと望んではいない。立ち止まって、そして考えてみる、という何事についても大切な原則は、天皇と天皇制に関しては、とりわけ大切な大原則である。この小さな一冊が、その大原則を実行するための小さなきっかけとなれば、著者がたどった地獄への道は無駄ではなかったことになるだろう。

この本の題名は、『おじいちゃんと話す　天皇ってなに？』とするのが適切だと、わたしは考えていた。主人公は「おじいちゃん」ではなく二人の孫たちだ、というのが、わたしの一貫した思いだからだ。孫たちがおじいちゃんと話すのであって、おじいちゃんが孫たちと話すのではないからだ。しかし、この本もその一冊であるシリーズ全体のなかでは、やはり「子ども（たち）と話す」という共通の表題にするほうがよいだろうと思い直して、『子どもたちと話す　天皇ってなに？』を選ぶことにした。きっと読者のみなさんは、「ミッちゃん」と「ヤーくん」こそが主人公であり、自立した主体であること、そして「おじいちゃん」もまたそれを望んでいることを、読み取ってくださるに違いない——と確信するからである。

最後に、この本を読者のみなさんに届けてくださった現代企画室のパイロット（あるいはむしろ船頭）である太田昌国さんと制作担当の江口奈緒さんに、こころからお礼を申し上げたい。すぐれた書き手であり実践者である太田昌国さんの誘いがなければ、永年ひそかに胸中でいつか書いてみたいと希っていたこのテーマは、わたしとともに文字通り地獄へ行くはめになったことだろう。江口さんには、最初の読者としてこの本の原稿を精読し貴重な意見をくださったことにたいして、あらためて謝意を表したい。

二〇一〇年五月

池田浩士

このたび重版にあたって、「国民の祝日」の日取りを二〇一八年の暦に合わせたほか、文脈にそくしていくつかの数字を修正した。

（二〇一八年三月　著者）

著者
池田浩士（いけだ ひろし）
1940年大津市生まれ。慶應義塾大学・同大学院でドイツ文学を学び、1968年から2004年まで京都大学在職、2004年から京都精華大学勤務、現在は同大学客員教授。あるきっかけで17歳のときからナチズム文学に傾倒（!?）し、それと格闘するために国際プロレタリア文学運動、日本天皇制文化などに深入りする結果となった。『ファシズムと文学――ヒトラーを支えた作家たち』、『教養小説の崩壊』、『闇の文化史――モンタージュ1920年代』、『大衆小説の世界と反世界』、『文化の顔をした天皇制』、『死刑の［昭和史］』、『虚構のナチズム――〈第三帝国〉と表現文化』、『石炭の文学史――〔海外進出文学〕論・第2巻』、『ヴァイマル憲法とヒトラー――戦後民主主義からファシズムへ』、『戦争に負けないための二〇章』（共著）、『〔増補新版〕抵抗者たち――反ナチス運動の記録』などの著作がある。

『子どもたちと話す　天皇ってなに？』
発行　2010年7月30日　初版第一刷
　　　2018年5月　3日　改訂第一刷　1000部
定価　1200円＋税
著者　池田浩士
編集　太田昌国＋江口奈緒
装丁　泉沢儒花（Bit Rabbit）
発行者　北川フラム
発行所　現代企画室
150-0031 東京都渋谷区桜丘町15-8 高木ビル204
TEL03-3461-5082　FAX03-3461-5083
E-mail　gendai@jca.apc.org
URL http://www.jca.apc.org/gendai/
振替　00120-1-116017
印刷・製本　中央製版印刷株式会社
ISBN978-4-7738-1012-7 Y1200E